CAN YOU REALLY THINK AND GROW RICH?

CAN YOU REALLY

생각하면 정말로 부자가 될 수 있는가?

특별한 삶을 여는 28가지 열쇠

THINK
AND
GROW
RICH?

라미 엘 바트라위 지음 | 김영정 옮김

CAN YOU REALLY THINK AND GROW RICH

by Ramy El-Batrawi

©Ramy El-Batrawi 2021

서문

존 그레이(John Gray)

《화성에서 온 남자 금성에서 온 여자》 저자

이 책은 짧지만 흥미진진하다. 쉽게 읽히지만 여러분의 삶을 바꿔 놓을 수 있다. 맨손으로 부자가 된 한 사람의 진정 기분 좋은 이야기다. 나는 책을 내려놓을 수가 없었다. 그리고 다시 읽고 또 읽을 계획이다.

작가 라미 엘 바트라위는 엄청난 부와 큰 성공을 향한 영감을 주는 자신의 여정을 매우 투명하고 솔직하게 들려줄 뿐 아니라, 모두가 따라야 할 길을 보여 준다.

나는 라미를 25년 넘게 알고 지냈다. 그리고 자기 자신과 다른 사람들을 위해 상상할 수 없을 정도로 큰 성공을 거두고자 그가 어떻게 살았는지 지켜보았다. 살면서 이런 지원군을 얻다니 나는 정말 운이 좋은 사람이다.

나는 세계적인 베스트셀러《화성에서 온 남자 금성에

서 온 여자》(그리고 책 몇 권)를 썼다. 아마도 여러분이나 여러분의 부모님들은 이 책을 읽어 보았거나 적어도 들어 본 적이 있을 것이다. 마케팅과 성공작 배출에 천재적인 재능을 가진 라미의 지원에 힘입어 우리는 이 책을 5년 넘게 베스트셀러 목록 맨 위에 올리고, 전 세계에 5천만 권 넘게 판매하면서 역사상 가장 많이 팔린 관계 관련 서적으로 만들었다.

《화성에서 온 남자 금성에서 온 여자》를 쓰면서 나는 이 책이 베스트셀러가 되길 바랐고, 그의 도움으로 가장 많이 팔린 책이 되었다. 라미의 비전과 도움이 없었다면 이 책이 그렇게 널리 알려지거나 그렇게 많은 사람에게 활용되지는 못했을 것이다.

이 책의 모든 장에서 여러분은 '특별한' 성공의 열쇠들이 지닌 비밀스러운 마음가짐을 발견하게 될 것이다. 그 열쇠들은 여러분의 정신과 마음속에 있는, 여러분의 꿈을 이뤄 줄 힘을 일깨우는 것들로, 라미가 사용한 것이다. 나는 라미가 그것들을 하나씩 실제로 적용하는 것을 지켜보았다. 그리고 그것들은 효과가 있었다. 나도 살면서 그것들을 사용한다.

이 비밀스러운 마음가짐은 1937년, 나폴레온 힐이 그의 고전이자 시간이 흘러도 여전히 의미 있고 많이 판매되는 책 《생각하라 그리고 부자가 되어라》에서 처음으로 밝힌 것이다. 당시 이런 인식을 처음 접한 몇몇 사람들은 계속 나아가 지난 세기의 가장 성공적이고 영향력 있는 사람들이 되었다.

지난 1백 년 동안 수백만 명의 독자들이 《생각하라 그리고 부자가 되어라》에서 준 많은 통찰로부터 크게 도움을 받았지만, 모두 그런 건 아니다. 비평가들은 때때로 "이 책은 긍정적인 사고에만 초점을 맞추고 있을 뿐, 어떻게 행동해야 할지는 특별히 가르쳐 주지 않는군."이라며 비판했다. 또 어떤 사람들은 "내가 그냥 성공하는 걸 상상하고, 나 자신을 믿고, 긍정적인 태도를 유지하며 정말로 간절하게 원하면 이루어진다는 게 말이 돼?"라며 외면했다.

이들에게 라미의 이야기는 《생각하라 그리고 부자가 되어라》의 완벽한 안내서가 될 것이다. 이는 여러분에게 성공으로 가는 여러 비결과 열쇠들을 보여줄 뿐 아니라 여러분이 올바르게 행동할 수 있도록 영감을 주고 동기를 불어넣어 줄 것이다. 그는 《생각하라 그리고 부자가 되어라》의 교훈을 직접 적용한 방식을 적나라하게 보여줌으로써 여러분이 어떤 행동을 취해야 할지 분명하게 알려 준다.

지식은 실천에 옮겨졌을 때 진정한 힘이 된다. 이 비밀스러운 백만장자의 마음가짐을 행동에 적용해 검증하지 않는다면, 아무리 긍정적으로 생각한다고 한들 꿈을 이루는 데 별 도움이 되지 않을 것이다.

　　성공은 진정한 힘을 증대시키는 것을 통해 이룰 수 있다. 예를 들어, 근육을 키워서 좀 더 강해지고 싶으면 근육의 한계를 반복해서 시험해야만 한다. 근육이 타는 듯한 느낌이 들 정도로 근육이 '찢어져야' 하는 것이다. 그러고 며칠 후 체육관에 다시 갈 때가 되면 몸이 더 강해져 있을 것이다. 계속 성장하려면 여러 번 깨져야 한다.

　　성공도 마찬가지다. 목표가 높으면 높을수록 실패를 더 많이 겪어야 한다. 여러분이 발견할 성공으로 가는 여러 열쇠 중 하나는 자신을 다시 일으켜 세우고 다시 시작하는 것이다. 이 세상에 실패란 없다. 오로지 다시 일어나지 못하는 사람들이 있을 뿐이다. 올바른 마음가짐만 갖고 있다면 모든 실패를 통해, 여러분이 상상했던 것보다 훨씬 더 많은 것을 이루게 해 줄 통찰을 볼 수 있다.

　　《생각하라 그리고 부자가 되어라》에서 밝힌 숨겨진 비밀을 알게 되는 것과 그것을 행동에 옮기는 것은 별개의 문제다. 꾸준히 탐구하면 마음으로는 성공의 비밀을 쉽게

　　　　　　　　정말로 생각하면 부자가 될 수 있는가

이해할 수 있다. 하지만 우리가 실천할 동기를 발견할 곳은 우리 마음이다.

라미의 성공을 향한 여정에는 그저 흥미롭고 매혹적인 이야기만 있는 게 아니다. 그의 여정은 거듭해서 행동을 취하고 또 취할 수 있는 내적 용기를 일깨우고, 라미에게 그랬던 것처럼 삶이 힘들 때 자신을 일으켜 세울 수 있도록 여러분 마음에 와닿을 것이다.

《생각하라 그리고 부자가 되어라》에서 여러분은 다른 사람들의 성공담을 듣는다. 그들의 고난과 도전에 대해 듣긴 하지만, 그들이 직접 들려 주는 것은 아니다. 다른 사람에 대한 책을 읽으면 여러분의 마음은 자동으로 그 생각과 이야기에 공명하게 된다. 하지만 마음이 행동을 유발하지는 않는다. 많은 경우 사람들은 생각은 해도 정작 행동은 취하지 않는다.

그러나 이 책은 당사자인 라미가 자신의 언어로 대단한 성공과 성취뿐 아니라 여러 송사와 시련을 들려 주기 때문에 성공의 비밀들이 여러분의 마음에 생생하게 각인될 것이다. 이런 기분이 들 수도 있다. 그가 할 수 있다면, 나도 할 수 있어.

이렇게 마음이 움직여야 행동을 취하고 절대 포기하지

않을 용기와 동기가 생긴다. 부자와 유명인들의 비밀스러운 지혜를 행동으로 옮기기 시작할 때, 여러분도 생각하면 부자가 될 수 있다는 사실을 분명히 알게 될 것이다.

감사의 말씀

나폴레온 힐이 연구를 거듭해 내놓은 강력한 유산을 지키고 있을 뿐 아니라 제게 용기를 준 나폴레온 힐 재단(Napoleon Hill Foundation)에 감사드립니다. 여러분이 크게 성공해야겠다고 마음먹었다면, 힐의 여러 저서 중 자신에게 맞는 책을 비롯해 재단이 추천하는 것을 모두 읽어보시기 바랍니다.

특히 저를 믿어 주고 제게 투자해 주신 모든 분께 감사드리고 싶습니다. 몇몇 분은 이 책에서 언급하기도 했지만, 다른 분들도 저와 똑같이 성공에 대한 강력한 비전을 갖고 함께해 주셨습니다.

저는 또한 실패와 일시적 고통에서 배운 것을 포함해, 부정적인 사건들이 내 삶의 대단한 가능성에 그늘을 드리우지 못하게 하고 나를 앞으로 나아가게 교훈을 준 제 모든 '스승들'에게도 은혜를 입었습니다. 그것이 사람이든 사물이든 상관없습니다.

마지막으로 저는 우주의 힘 그 자체, 그러니까 가능성에 기꺼이 마음을 여는 사람들이 이용할 수 있는 그런 힘에 감사하고 싶습니다.

인용구와 열쇠에 대한 짧은 설명

이 책에는 언제나 내게 영감을 주는 나폴레온 힐의 말이 인용되어 있고, 그다음 제 짧은 생각이 담겨 있습니다. 특별한 삶의 문을 여는 데 필요한 원칙을 내게 맞게 적용한 내용은 열쇠 모양(🗝)으로 표시해 두었습니다.

목차

생각하면 정말로 부자가 될 수 있는가?

내가 성공으로 가는 여정을 시작한 것은 처음으로 나폴레온 힐(Napoleon Hill)의 《생각하라 그리고 부자가 되어라》를 처음부터 끝까지 다 읽었을 때다.

나는 이 책이 주는 강력한 메시지에 푹 빠져 즉각적으로 그 핵심 원칙들에 집중했다. 그때 내 나이 12살이었다.

젊었을 때 우리는 대체로 감수성이 더 예민하고, 새로운 생각에 마음을 좀 더 쉽게 연다. 그러다 나이를 먹고 외부의 영향을 받게 되면서 우리 마음은 아마도 더 경직되고 융통성이 없는 쪽으로 변해가는 것 같다. 《생각하라 그리고 부자가 되어라》를 처음 접했을 때, 다행히 나는 어리고 마음이 열려 있어서 힐의 말이 마음에 자리 잡을 수 있었다. 그의 말은 내가 평생 마음을 다해 추구할 여러 성공의 기회 중

하나였다.

나는 '운'이 아나라 '기회'라고 한다. 왜냐하면 내가 성취한, 그리고 계속해서 성취하고 있는 것은 운의 문제가 아니라 《생각하라 그리고 부자가 되어라》의 중심 원칙에 전념한다면 살다가 무슨 일을 만나든 운명을 다스릴 줄 아는 방법을 배워 크게 성공할 수 있다는 것을 보여 주는 것이기 때문이다. 심지어 최악의 사건들과 그에 수반되는 고통조차도 우리를 더 강하게 만들고, 그래서 더 성공할 수 있게 해주는 기회라 할 수 있다. 나는 여정을 시작할 때 기회가 생길 때마다 유동적이고 단호하게 움직이는 법을 배웠다. 그 모든 게 나폴레온 힐의 정신이다. 이 책을 읽으면서 여러분도 오늘, 내일, 그리고 앞으로 어떻게 나폴레옹 힐처럼 할 수 있을지 생각해 보라.

《생각하라 그리고 부자가 되어라》는 1937년에 출판된 이후 독자들이 어떤 성공을 꿈꾸든지 거기에 이르는 로드맵을 제공하면서 이전에 나온 다른 어떤 책보다 더 많은 백만장자를 배출했다. 다만, 나중에 논의하겠지만 그것은 힐이 '마스터 키(Master Key)'라고 부르는, 온전히 전념하는 불타는 열망이어야 한다. 그의 책은 자기 계발 산업의 활성화를 불러왔으며 오늘날까지 베스트셀러로 남아 있다. 그리고 그 영향은 토니 로빈스(Tony Robbins), 잭 캔필드(Jack Canfield), 에크하르트 톨레(Eckhart Tolle) 등 아주 많은 사람에게서 찾아볼 수 있다.

> 어떤 것을 원하는 것과 그것을 받아들일 준비가 되어 있다는 것은 별개의 문제다. 그것을 획득할 수 있다고 믿을 때까지는 그것을 가질 준비가 된 게 아니다. 마음의 상태가 단지 희망이나 바람이 아닌 믿음이 되어야 한다. 그리고 믿음에는 열린 마음이 필수적이다.
>
> ―《생각하라 그리고 부자가 되어라》중

＊＊ 생각해 볼 점 ＊＊

나는 많은 사람이 '열린 마음'을 가졌다고 주장하면서도 목표로 나아가는 길을 가로막는 정신적 장벽을 지니고 있는 경우를 많이 봐 왔다. 《생각하라 그리고 부자가 되어라》에서 말하는 '믿음'은 항상 분명하고 단호한 행동을 낳아야 한다.

나는 두 가지 이유에서 이 책을 쓰기로 했다. 첫 번째 이유는 독자들에게 내가 이제까지 살면서 성공하는 방법을 알아내기 위해 얼마나 체계적으로 힐의 원칙을 시험하고 적용했는지 보여 주고 싶어서였다. 두 번째 이유는 내 경험을 살려 여러분이 《생각하라 그리고 부자가 되어라》의 원칙들을 나름대로 행동에 옮기는 데 도움을 주고 싶어서였다. 그래서 내가 이러지 않는다면 자기계발서를 찾는 사람들을 종종 비켜 갈 뻔한 성공을 여러분도 이룰 수 있기를 바랐다.

내 경험은 이 책의 제목이 던지는 질문에 분명하게 대답한다. 그렇다. 생각하면 부자가 될 수 있다. 우리는 이 말을 보다 더 자기 것으로 만들 수 있다. 그렇다. 다른 사람이 아니라 이 책을 읽는 여러분은 생각하면 부자가 될 수 있다. 여러분이 자신을 믿지 않는다면 다른 사람이 무슨 이유로 여러분을 믿겠는가?

나는 《생각하라 그리고 부자가 되어라》의 주요 원칙들이 어떻게 내 인생에 작용했는지 보여 주는 것과 더불어 내가 어떻게 그 원칙들을 내게 맞게 확장하고 다듬었는지 설명할 것이다. 힐은 일평생 그의 원칙들을 다른 사람들이 그들 자신의 것으로 만드는 법을 가르치는 데 전념했다. 매

정말로 생각하면 부자가 될 수 있는가

순간 나는 힐의 원칙들이 내가 세상에 맞서는 당연한 방식이 되도록 내 모든 일상적 사고에 깊이 배어들게 했다.

나는 내가 새로운 상황에 어떻게 반응해야 하는지 끊임없이 생각했지만, 앞으로 나아가는 데는 자동적이고 거침 없었다. 언제나 《생각하라 그리고 부자가 되어라》에서 가져온 것뿐 아니라 우리의 열망을 북돋아 줄, 영감을 주는 다른 사람들의 이야기에 집중하면서 항상 기본 스위치를 켜 두었다. 고급 호텔에는 종종 특별 카드 열쇠로만 접근할 수 있는 높은 층이 있다. 나는 다른 사람들에게 로비를 떠나는 것뿐 아니라 낮은 층을 지나 인생의 성층권으로 올라가는 데 그들의 열쇠를 사용하고 싶은 마음이 들게 하고 싶다.

여러분도 알게 되겠지만, 중단 없는 내 여정은 평범한 삶에서 성공한 삶으로 꾸준히 발전한 뻔한 이야기가 아니었다.

성공!

평범한 삶

대신 내 인생은 다른 사람들이었다면 많은, 아니 어쩌면 대부분이 살아갈 능력을 파괴당했을 만한 엄청난 사건들의 연속이었다.

　나는 스스로 세운 목표를 하나하나 달성하는 데 성공
했을 뿐만 아니라, 다른 사람들이 나 혹은 그들 자신에게 강
요한 여러 한계를 타파할 수 있다는 사실을 배우기도 했다.
나는 어떤 사람이나 사건이 내 열망에 한계를 두도록 허락
하지 않고, 그 대신 특별한 삶을 살기 위해 피나는 노력을 멈
추지 않기로 마음먹었다.

우리 발목을 잡고 앞으로 나가지 못하게 하는 습관들

　　　　　정말로 생각하면 부자가 될 수 있는가

뿐 아니라 의심과 두려움으로부터 해방해 줄 분명한 영감을 주는 것들로 깨어 있는 시간을 채움으로써 우리는 특별한 삶을 살 수 있다.

어쩌다 보니 나는 12살 때 《생각하라 그리고 부자가 되어라》의 메시지를 받아들일 준비가 되어 있었다. 하지만 힐이 주장했듯이, 나이에 상관없이 여러분은 나와 성공을 이루기 위해 애썼던 다른 사람들이 매일 걷는 길을 온전히 믿고 거기에 전념해야 한다. 특별한 삶을 살고 싶다면 자신이 생각하면 정말로 부자가 될 수 있다는 사실을 한 치의 의심도 없이 받아들여야 한다.

어떤 분야에서 최고의 경지에 오르는 것은 힘든 일이다. 시간이 많이 걸리고 종종 지루하기도 하다. 여러분이 이런 수준으로 성공할 수 없는, 그리고 대부분의 사람이 그렇게 되지 못하는 이유는 말로만 완전히 전념한다고 했기 때문이다. 하지만 그것은 주머니에 있는 포커 칩을 모두 걸고 내기를 하는 것과 같은 행위다. 여러분은 필요하면 기꺼이 모든 것을 건다는 평판을 쌓아야만 한다.

온전히 전념하지 않는 사람들은 상황이 어려워지면 포기할 가능성이 크다. 내 삶이 보여 주듯 힘든 시간이 올 거라는 사실은 의심할 여지가 없다. 자신을 단련하기 위해 여러분이 오늘 내디딜 한 걸음은 살면서 위대한 것을 성취한 사람들의 자서전에서 영감을 구하는 것이다. 그러면 많은 사람이 포기하고 집으로 가 버린 뒤에도 그만두지 않고 오랫동안 자기 갈 길을 갔기 때문에 그들이 승리했다는 걸 알게 될 것이다. 그런 사람들이 여러분의 동료가 되어 준다. 여러분은 자신이 그들과 같은 부류에 속한다고 믿어야 한다. 그러지 않고서 어떻게 성공으로 가는 길을 걸을 수 있겠는가?

이 책은 내가 생각하는 특별한 삶에 대해 들려 준다. 거기에는 부를 쌓은 것도 포함된다. 하지만 여러분이 배울 것은 그저 내가 특별히 이룬 이런저런 성취가 아니라, 내가 그렇게 많이 넘어졌는데도 그때마다 얼마나 똑바로 다시 섰는지다. 필요하다면 나는 다시 그렇게 할 테니 말이다. 나는 이런 특성이 내 근본적인 강점이라고 믿는다. 내가 칭송하는 다른 성공한 사람들도 마찬가지다.

나는 사업적, 개인적 삶을 투명하고 진실하게 이어 나간다. 그리고 여러분이 거기서 배움을 얻을 수 있도록 내 삶을 적나라하게, 세세한 것까지 보여 줄 것이다. 여러분 자신의 특별한 삶을 준비할 수 있도록 내가 알려 주는 것을 자신에 맞게 고치길 바란다. 오늘부터 시작하라.

이런 말을 한 철학자가 있다. "살다 보면 인생이 혼돈의 난장판처럼 보이고 여러 사건이 아무렇게 나, 서로 아무 상관 없이 벌어지고 상충되면서 이런저런 상황들이 펼쳐지는 것처럼 보인다. 그런 다음 이런 일이 벌어진다. 그 상황이 당신을 집어 삼키는 것이다. 그러면 당신은 '대체 이게 어떻게 돌아가는 거야.'라는 생각이 든다. 그런데 나중에 돌아보면 그 일이 마치 아주 정교하게 쓴 소설 같다. 하지만 당시에는 그렇게 보이지 않는다."

―조 월시(Joe Walsh)

✻✻ 생각해 볼 점 ✻✻

《생각하라 그리고 부자가 되어라》의
원칙을 마음에 새김으로써 나는 절대로
삶의 혼란스러움에 굴복하지 않았다.
대신 나는 날마다 계획을 세우고
정리하는 법을 배웠다.

LESSON 1

어떤 변명도,
핑계도 대지 않기

《생각하라 그리고 부자가 되어라》의 마지막 장에서는 성공하지 못했거나, 혹은 성공으로 가는 길에 서 본 적도 없는 사람들이 삶에 대해 흔히 어떤 변명을 늘어 놓는지 잘 보여 준다.

내 처지를 핑계 삼지 않기로 결심했던 때 내가 그랬던 것처럼, 여러분도 자신이 상황 탓만 하고 있는 건 아닌지 점검해 보려면 셀 수 없이 많은 다른 핑곗거리 중에서도 다음에 나열된 것들을 살펴보라. 그런 다음 그것들을 모두 떨쳐 버리는 가장 중요한 작업을 하라.

다음은 《생각하라 그리고 부자가 되어라》에서 찾아낸, 사람들이 주로 핑계로 삼는 '만약에' 들이다(약간 수정되었다).

만약에 배우자와 가족이 없다면

만약에 도와줄 사람만 있어도

만약에 내가 아주 '매력' 있다면

만약에 지나간 기회들을 잡을 수만 있어도

만약에 돈이 있다면

만약에 우리 가족이 나를 이해해 준다면

만약에 교육을 잘 받았다면

만약에 대도시에 산다면

만약에 일자리를 얻을 수 있다면

만약에 그냥 시작만이라도 할 수 있다면

만약에 건강하다면

만약에 자유롭기만 해도

만약에 시간만 좀 있어도

만약에 좀 쉴 수 있다면

만약에 시대를 더 잘 타고났더라면

만약에 빚더미에서 벗어날 수만 있어도

만약에 사람들이 나를 이해해 준다면

만약에 실패하지 않았더라면

만약에 상황이 좀 다르다면

만약에 어떻게 할지 방법만 알아도

정말로 생각하면 부자가 될 수 있는가

만약에 인생을 다시 살 수 있다면

만약에 모든 사람이 나를 반대하지 않는다면

만약에 사람들이 뭐라 하든 두렵지 않다면

만약에 나 자신에 확신이 있다면

만약에 기회가 주어졌다면

만약에 운이 나를 등지지 않는다면

만약에 사람들이 내게 앙심을 품지 않는다면

만약에 내가 사생아가 아니었다면

만약에 나이만 좀 어렸어도

만약에 돈을 전부 잃지 않았더라면

만약에 원하는 일을 할 수만 있어도

만약에 내 과거가 이렇지 않다면

만약에 부잣집에서 태어났다면

만약에 내 사업을 할 수 있다면

만약에 딱 맞는 사람들을 만날 수 있다면

만약에 다른 사람들이 내 말을 들어 준다면

만약에 다른 사람들이 가진 재능이 나한테 있다면

만약에 내 본모습을 볼 용기가 있다면

만약에 저축을 할 수 있다면

이것들 중 하나, 혹은 이와 비슷한 핑계를 댄 적이 있는가? 많은 사람이 이런 핑계를 갖다 대며 성공하지 못한 것뿐 아니라 꿈을 이루려는 시도조차 못 해 본 것까지 정당화한다. 나도 분명히 이런 것들, 그리고 이보다 더한 핑곗거리에 넘어갔을 수 있었다. 어쨌거나 나는 12살에 학교를 그만두었고 집을 나왔으며, 17살 때까지 집도 없었으니 말이다. 하지만 나는 이 모든 '만약에'에 얽매이지 않는 법을 배웠다. 여러분도 그래야 한다.

운을
믿지 말라

나는 '운'이라는 말을 쓰지 않으려 한다. 특히 사람들이 내게 그냥 운이 더 좋았으면 좋겠다거나 행운을 잡았으면 좋겠다고 말할 때 더 그렇다. 성공하는 것, 특히 돈 많은 부자가 되는 것이 운에 달렸다고 믿을 수도 있다. 그래서 사람들은 운 좋은 도박꾼이 될 방법을 찾는다. 하지만 이런 식으로 생각하면, 카지노에서 결국 '하우스'가 항상 이기는 것처럼 인생도 결국은 여러분을 때려눕히게 될 것이다. 성공을 향한 여정에서 내가 직접 보여 준 것처럼 나는 행운을 기대하지 않았다. 기회가 확실히 보이는 즉시 그것들을 활용하기 위해 달려들긴 했지만.

두려움을
견뎌라

'만약에'와 더불어 《생각하라 그리고 부자가 되어라》의 마지막 장은 종종 사람들의 뇌리를 떠나지 않고 성공을 이루지 못하게 막는 여섯 가지 기본 '유령', 또는 두려움에 대해 다룬다. 그것은 가난에 대한 두려움, 비난에 대한 두려움, 질병에 대한 두려움, 사랑하는 사람들을 잃는 것에 대한 두려움, 노년에 대한 두려움, 죽음에 대한 두려움이다. 하지만 나는 힐이 일곱 번째 기본 악이라고 한 부정적 영향에 물들기 쉬운 특성뿐 아니라 이들 두려움을 모두 극복했다.

나는 아무것도 가진 것 없이 시작해 여러 번 엄청난 돈을 벌어도 보고 잃어도 보았다. 그렇지만 한 번 잃은 다음에는 이전보다 더 많은 것을 다시 일궜다. 결과적으로 나는 세상이 끊임없이 내게 주는 부정적 영향, 특히 자신들에게 불가능해 보이는 목표를 내가 성취하지 못할 거라고 우기는 비관론자들을 이겨 냈다.

긍정적인 생각만으로는
충분하지 않다

성공을 하고 특별한 삶을 살기 위한 여정을 시작할 당시, 나는 교육도 제대로 받지 못한 데다 돈도, 친구도 없었다. 그리고 내가 어디서든 성공할 거라는 생각도 못 했다. 가난에 대한 두려움으로 쉽게 무력해질 수도 있었지만, 나는 《생각하라 그리고 부자가 되어라》의 원칙들을 이해했기 때문에 그러지 못했다면 목표 달성에 방해가 됐을지도 모르는 장애물들을 극복할 수 있었다. 사실 나는 장애물을 장애

정말로 생각하면 부자가 될 수 있는가

물로 생각하지 않고, 대신 언제나 필요하면 즉시 방향을 틀어 최대한 활용할 수 있는 기회로 바꿔 생각했다.

나는 뒤로 물러서는 단 한 가지 경우만 제외하고, 어떤 쪽이든 그게 최선이라면 그쪽으로 방향을 바꾸는 법을 배웠다. 나는 절대로 뒤로 물러서지 않았고, 지난 일을 후회하며 안타까워하지 않았다. 나는 기본적인 행동 방식을 바꾸거나 그것을 주축으로 살 수 있게 되었고, 지금도 그럴 수 있다.

《생각하라 그리고 부자가 되어라》는 긍정적 사고에 대해서만 말하고 있지 않다. 넘쳐나는 부정적 사고를 긍정적 사고로 아주 얇게 덮고 있다면 그것만으로는 특별한 인생은 고사하고 성공적인 인생도 살기 힘들 것이다. 결국 그 모든 부정적 사고와 두려움들이 얇게 드리운 긍정적 사고의 막을 뚫고 흘러넘칠 테니 말이다. 이 점 때문에 단지 영감을 주는 책을 읽는 것만으로는 앞으로 나갈 추진력을 얻지 못한다는 것을 이해해야 한다. 대신 모든 유용한 원칙은 의식과 무의식 양쪽에 깊이 배어들어야 한다. 그 원칙들이 여러분의 생각을 완전히 장악해야 하는 것이다. 그래서 부정적 사고가 다시 스며들 여지를 주지 않게 해야 한다. 이 점은 앞으로 내가 계속 반복해서 얘기할 중요한 내용이다.

"천 리 길도 한 걸음부터다." 여러분은 아마 마지막 인생길에서 뒤를 돌아보며 "달리 살았더라면 좋았을 텐데... 그 기회를 잡았어야 했는데."라고 말하는 사람을 본 적이 있을 것이다. 만족스럽지 못한 인생에는 "그랬더라면 좋았을 텐데."가 넘쳐난다. 그것은 제대로 시작도 해 보기 전에 인생이 끝난 소심한 영혼들이 흔히 늘어놓는 신세타령이다. 인생은 기회가 차고 넘친다. 엄청난 성공을 할 기회와 대차게 실패할 기회들. 주도권을 잡을지, 찾아온 기회를 잘 활용할지는 여러분에게 달렸다. 행동에 옮기지 않는다면 지루한 인생을 살게 될 것이다. 주저하지 말라. 오늘 당장 실천하라!

—《생각하라 그리고 부자가 되어라》 중

＊＊ 생각해 볼 점 ＊＊
나는 목표를 아주 높게 잡았고,
어떤 위험이 있더라도 평범한 삶은
결코 받아들이지 않았다.

정말로 생각하면 부자가 될 수 있는가

《생각하라 그리고 부자가 되어라》의
만능 열쇠

어떤 것에 대해 그냥 생각하는 것만으로는 충분하지 않다. 강렬하고 불타는 열망을 가져야만 한다. 불타는 열망이 없다면 조금이라도 힘들 것 같은 낌새가 보이는 즉시 그만둘 수도 있다.

불타는 열망이 있다면 아무리 견고한 장애물을 만나고, 아무리 여러 번 "안 돼."라는 말을 듣고, 아무리 많이 거절당하더라도 계속 나아갈 수 있다. 《생각하라 그리고 부자가 되어라》의 바로 마지막 페이지에서 힐은 불타는 열망이 부로 향하는 문을 열 '만능열쇠'라고 강조한다.

불타는 열망이 첫 번째 열쇠다. 거기서부터 나는 특별한 삶으로 가기 위해 거쳐야 할 여러 문을 열어 줄 다른 열쇠들을 모았다.

여러 문을 여는
첫 번째 열쇠

　사람들은 모두 무언가를 원한다. 그것이 엄청난 부든, 위대한 사랑이든, 대단한 영향력이든. 하지만 강렬한 열망, 특히 진정한 불타는 열망은 그것을 훨씬 뛰어넘는다. 그리고 내가 매일 이용하는 《생각하라 그리고 부자가 되어라》에서 주장하는 하나의 기본 원칙을 통해 획득된다.

🔑 **자신을 더 큰 성공으로 이끌어 가려면 원하는 것을 강렬한 감정에 엮어라.**

　생각에 반드시 긍정적인 감정만 엮어야 하는 건 아니다. 예를 들어 위대한 사랑과 멋진 섹스도 강력하지만, 강렬한 고통과 같은 감정들도 어쩌면 그만한 효과가 있을 수 있다. 특정 화학 물질로 생긴 감정조차도 강력한 힘을 발휘할 수 있다. 아주 위대한 음악 중에는 환각제에 취한 사람이 작곡한 것도 있는 걸 보면 말이다.

　내 경우에는 《생각하라 그리고 부자가 되어라》의 다음 두 가지 주요 원칙을 여정의 초기부터 적용했다.

　　　　　정말로 생각하면 부자가 될 수 있는가

- ◇ 마음에 무엇을 품고 있든 그것을 성취할 수 있다.
- ✦ 강렬한 감정과 성취하기 원하는 것을 엮으면 무엇이든 이룰 수 있다.

이들 원칙을 믿고 끊임없이 삶에 적용하면, 목표에 도달하기 위해 필요한 집중력을 얻는 데 도움이 된다. 그리고 더 집중하면 할수록 이 원칙들이 일상생활에 더 깊이 스며들 것이다.

끈질겨야 성공할 수 있는 법이다.

🔑⟞ **결단력과 불타는 열망은 그 무엇도 막을 수 없다.**

불타는 열망과
코랄 캐슬(Coral Castle)

12살에 집을 나온 후, 나는 미국 말고는 특별히 마음에 둔 목적지가 없었다. 그리고 어쩌다 보니 플로리다에 정착하게 되었다. 그곳에서 성공을 향한 여정을 시작하면서 나는 다른 사람들의 경험을 주의 깊게 살펴보며 그들이 성취한 것과 《생각하라 그리고 부자가 되어라》의 가르침을 끊임없이 연관 지어 보았다.

그러다 발견한 것 중 하나가, 지금은 소유자가 마이애미 근처 홈스테드(Homestead)로 자리를 옮겼지만 당시엔 플로리다 시티에 최초로 세워졌던 한 관광지였다. 거주지와 그 주변을 둘러싼 정원은 특이한 형태로, 인간이 마음을 먹으면 어디까지 해낼 수 있는지를 보여 준다. 에드 리즈칼닌(Ed Leedskalnin)은 오로지 '손'이라는 도구만으로 28년 동안 어란석(화석 조개껍데기나 실제 산호가 종종 포함되어 있는 퇴적암) 1천 톤을 조각해 자기가 사는 타워나 가구, 조각품들 같은 기념비적인 구조물을 만들었다. 예리한 칼도 그 틈 사이에 들어가지 못할 정도로 블록 하나하나가 회반죽도 없이 정밀하게 붙어 있다. 가장 유명한 볼거리 중 하나이자 무게가 8톤이 넘는 정문은 손가락 하나로 밀어도 열릴 정도로 아주 세심하게 균형 잡혀 있다.

가장 정통한 사연은 이러하다. 리즈칼닌은 라트비아의 고향에 머물던 26살 때, 결혼식을 바로 코앞에 두고 약혼녀에게 버림받았다. 그 후 미국으로 이주한 리즈칼닌은 거절당한 데서 온 강렬한 부정적 감정에 휩싸여 불타는 열망이 생겼다. 그는 약 45kg의 몸무게에 키도 겨우 150cm 정도였지만, 온통 그 생각만 함으로써 혼자 힘으로 자신의 진정한 사랑을 기리는 놀라운 구조물을 세울 비법을 알아냈던 것이다.

나는 코랄 캐슬을 보고, 강렬한 감정을 원하는 것과 엮으면 아무것도 리즈칼닌을 막지 못했던 것처럼 그 어떤 것도 목표를 이루는 걸 방해할 수 없다는 사실을 분명히 알게 되었다.

리즈칼닌은 어떻게 그렇게 정밀하게 코랄 캐슬을 세웠는지 그 비밀을 밝히지 않았다. 하지만 나는 성공의 비밀을 하나도 숨기지 않을 것이다. 거기다 내가 겪은 우여곡절을 모두 보여 줄 것이다. 그것들 모두 결국 내가 더 대단한 성공을 거두는 데 반드시 필요했던 것들이었다.

주머니는 비었지만,
마음만은 부자

집을 떠날 때 나는 가진 것이라고는 사실상《생각하라 그리고 부자가 되어라》를 읽은 것뿐이었다. 당시 이 책을 이미 스무 번 넘게 읽은 상태였다. 나는 이 책의 원칙 중 많은 것들이 읽는 즉시 직관적으로 이해된다는 사실이 놀라웠다. 그리고 나중에 살다 보니 이 모든 지식이 사실 이미 세상에 존재하고 있었다.《생각하라 그리고 부자가 되어라》는 내가 이미 알고 있던 것에 약간 더 깊이 눈을 뜨게 해 준 것뿐이었다. 나는 힐이 진행한 연구의 근본적 진실을 받아들일 준비가 되어 있었다. 그리고 진실에 기반한 것은 아무리 세월이 흘러도 변치 않는 법이다.

그다음 내가 해야 할 일은 성공을 향한 불타는 열망이 사그라지지 않도록 하는 것이었다. 그러한 열망이 없었다면 나는 플로리다에 정착한 후 5년 동안 길거리에서 그렇게 살아남지 못했을 것이다. 그런 상황에 처한 사람이라면 많이들 '이건 정말 해도 해도 너무 힘들어.'라며 집으로 돌아가 버렸을 것이다. 그리고 성공해서 부자가 되겠다는 꿈도 내팽개쳤을 것이다.

가치 있는 것을 추구하기 전에 먼저 그것을 마음 속에 그려 봐야 한다. 마음에는 물리적 한계나 제약이 없다. 마음의 작업실에서는 존재한 적 없는 것들을 상상할 수 있다. 알버트 아인슈타인은 광선을 타고 무한한 공간을 돌아다니면 우주가 어떻게 보일지 마음속에서 그려 보았다고 한다. 그때 그는 수학을 사용해 자신의 상대성 이론을 증명했다. 여러분은 상상력을 사용해 어려운 문제에 대한 해결책을 상상해 내고, 새로운 아이디어를 생각해 내고, 스스로 정한 목표를 달성하는 자신을 그려 볼 수 있다.

―《생각하라 그리고 부자가 되어라》 중

＊＊ 생각해 볼 점 ＊＊

나는 계속해서 마음의 '작업실'을 사용해
새로운 과제에 대한 창의적인 아이디어를
만들어 낸다. 이 작업실은 매일 하루
24시간 문을 열고 돌아간다.

마음속에 불타는 열망을 품었기 때문에 나는 하루도 쉬지 않고 성공을 이루는 데 필요한 것이 무엇인지 계속 알아볼 수 있었다.

정말로 생각하면 부자가 될 수 있는가

LESSON 2

인생이라는
길 위에서

내 인생철학은 과거에 연연하지 않고 앞을 내다보며 미래에 기대를 거는 것이다. 사람들이 자기 편한 변명을 늘어놓으며 한심하게 신세타령하는 걸 모두 들어 본 적이 있을 것이다. 하지만 말 그대로 집도 절도 없이 플로리다주 탐파 길거리에서 인생 여정을 시작한 나는, 그래도 그 시절을 《생각하라 그리고 부자가 되어라》에서 말하는 믿음들을 시험해 보던 때였다고 생각한다.

처음
선택들

나는 스위스 제네바에서 태어났고, 부모님은 이집트인들이었다. 우리는 제네바에서 파리로 이주했다가 미국으로 건너갔다. 그게 불과 2년 사이의 일이었다. 그런 다음 우리는 또 퀘벡주 몬트리올로 옮겨 갔다. 나는 공부에 별 뜻이 없어서 자주 낙제를 했다(내가 마지막으로 정규 교육을 받은 것은 미국에서 고등학교에 다닌 것이라고 할 수 있겠다). 하지만 왕따를 당하면서 삶이 고달프다는 건 제대로 배웠다. 그러나 그 경험으로 나는 더 강해졌을 뿐 아니라 언젠가 힘 있는 사람이 되었을 때 그 자리를 이용해 다른 사람을 괴롭히거나 위협하지 않고 모든 사람을 재산이나 지위에 상관없이 똑같이 대하겠다는 다짐도 하게 되었다.

또한 그 시절은 살면서 가능한 많은 것을 성취해야겠다는 강력한 동기를 내게 불어넣어 주기도 했다. 필요한 순간마다 도움을 받으며 살다가 정작 역경이 닥치면 스스로 헤쳐 나갈 힘이 없는 사람들과는 달리, 나는 가진 것 하나 없이 인생을 시작했다.

아버지는 한때 6개월 동안 가족을 떠나 있었다(그는 이

미 어머니와 이혼한 상태였고, 어머니는 그때 이집트로 돌아가 버렸
다). 그러나 아버지가 돌아왔다고 해서 내 계획이 바뀌지는
않았다. 무작정 집에 눌어붙어 있다가는 앞날이 캄캄할 거
라는 걸 알았기 때문에 나는 혼자 헤쳐 나가기로 했다. 그래
서 1973년에 진정한 기회의 땅 미국을 향해 떠났다. 어디로
갈지 확실히 정해 놓은 것도 없이.

마침내 나는 플로리다주 탐파에 자리를 잡았다. 그곳
은 몬트리올과는 달리 적어도 겨울 날씨는 온화해서 좋았
다. 《생각하라 그리고 부자가 되어라》를 읽고 나서 나는 어
떻게든 혼자 힘으로 살아 낼 수 있을 거라는 굳은 믿음이 생
겼다.

탐파에 도착하자마자 나는 바로 거리를 걸으며 도시를
살펴보았다. 내겐 그때 이미 만나는 사람마다 말을 거는 버
릇이 있었다. 당시만 해도 성공하겠다는 생각에 몰두하지
않았는데도 말이다. 당시 탐파는 살기 좋은 도시라고 보기
힘든 곳이었다. 그리고 노숙자들이 살기에 특히 험한 곳이
었다. 마약 거래상과 포주, 딱 봐도 정신병자 같은 사람들이
거리와 교차로에 널려 있었다. 처음에 나는 고속도로 고가
아래서 밤을 보냈다.

그때 나는 어찌 보면 어른으로 보일 정도로 나이가 들

어보여 다행이었다. 나는 틈나는 대로 주유소 화장실에 들어가 세수하는 법을 배웠다. 그 후 2년 동안 모텔에서 일을 거들거나 방문 판매를 하는 등 여러 종류의 잡일을 전전했다. 그러다 1968년식 중고 캐딜락이 3백 달러에 매물로 나온 것을 보고 3주 동안 즉석요리 전문 요리사로 일해서 그 돈을 모았다.

에어컨도 없는 그 자동차가 나의 집이 되었다. 다른 데보다는 안전하다고 할 수 있는 그 공간에서 나는 생각도 하고 계획도 세울 수 있었다. 여름은 혹독했다. 특히 밤에 모기밥이 되지 않으려면 창문을 계속 닫아 놓아야 했기 때문에 더 그랬다. 어떤 날에는 아침에 눈을 떴을 때 차 안 온도가 거의 50℃까지 올라가 있기도 했다.

그렇게 두어 해가 지나자 나는 엄청난 부를 쌓겠다는 단 하나의 분명하고 대단히 중요한 목표를 갖게 되었다. 그리고 다른 사람을 위해 일하는 것으로는 그 목표를 이룰 수 없다고 생각했다. 그래서 무조건 독립해야겠다고 마음을 먹었다. 《생각하라 그리고 부자가 되어라》에서 지적했듯이 그저 어정쩡한 목표로 시작해 거기에 안주한다면 진정 힘 있는 비전을 갖게 되지 못할 게 뻔했다. 인생의 가장 높은 곳에 오르기는커녕.

정말로 생각하면 부자가 될 수 있는가

크게 성공하려면 내 사업을 일궈야 했다. 그 과업을 이루기까지 얼마나 오랜 시간이 걸릴지, 혹은 그것이 얼마나 힘들지 몰라도 나는 미래의 내 제국을 건설해 줄 첫 사업을 찾을 셈이었다.

끊임없이 영감을 찾아서

앞에서 말했듯이 나는 탐파에서 처음 몇 년 동안 겪었던 힘든 시기를 계속 곱씹으며 지낼 수도 있었다. 하지만 그건 특별한 삶을 꿈꾸는 사람의 습성이 아니다. 그리고 여러분도 비슷한 길을 걷고 싶다면 그런 습성을 가져서는 안 된다. 나는 미래를 향해 앞을 내다볼 수 있도록 영감을 주는 것을 늘 찾아다녔다. 책에서든 사람에게서든.

어려울 때 나를 도와준 사람들을 잊어버렸다거나 소홀히 대한 적이 있다는 말이 아니다. 예를 들어, 얼 패리스(Earl Farris)는 내가 글렌 터너(Glen Turner) 사에서 잠깐 일했던 시절부터 항상 나를 믿어 준 사람이다. 그 시간에 대해서는 다음 부분에서 언급하겠다. 그는 기꺼이 자기 집을 담보로 대출을 받아 투자 자금을 댔고, 매일 피커딜리(Piccadilly)라는 식당에 나를 데리고 가 밥을 먹을 수 있게 해 주었다. 결국에 그는 돈을 많이 벌지는 못했다. 하지만 나중에 나는 그가 죽는 날까지 그를 세심하게 돌봐 주었다.

> 🔑 **의심을 버려라. 하지만 여러분을 도와주고 믿어 준 사람들은 버리지 말아라.**

나는 내게 영감을 준 사람들에 대해 자주 언급한다. 그들이 긍정적인 예가 되었든, 부정적인 예가 되었든. 그 영향이 강력하다면 배울 가치가 있는 전략이 있다는 것이다. 나는 또한 강렬한 문구에서 영감을 찾기도 한다. 내가 처음에 《생각하라 그리고 부자가 되어라》에서 우연히 접한 시처럼. 그리고 그 문구가 가진 통찰을 전부 내 것으로 만들기 위해 여러 번 다시 읽었다. 그것은 제시 B. 리텐하우스(Jessie B. Rittenhouse)의 시로, 힐이 '보편적 진리(universal truth)'라고 한 것을 이렇게 표현하고 있다.

나는 고작 1페니만 달라고 인생과 흥정했다.

그리고 인생은 더 이상 주지 않으려 했다.

하지만 밤이 되어 내 옹색한 가게를 정산할 때

나는 더 달라고 간청했다.

인생은 그저 고용주일 뿐이라

당신이 달라는 만큼만 준다.

하지만 일단 임금을 정하고 나면

어쩌나, 당신은 맡은 일을 다 해내야만 한다.

나는 변변치 않은 월급을 받고 일했는데

알고 보니, 황당하게도

인생은 내가 달라는 대로

기꺼이 주려 했단다.

'임금'을 너무 낮게 정해서 아주 좁고 한정된 비전을 갖게 되는 경우가 너무나 많다. 지금 당장 인생에 무엇을 요구할 것인지 다시 정해 보라. 내가 그랬던 것처럼 당신도 성취할 수 있는 것에 어떠한 한계도 허용하지 말아야 한다.

🔑 **더 원대한 미래를 꿈꾸게 하는 문구를 발견하면 늘 그것에 대해 생각하라.**

상실에 대한
두려움 갖지 않기

나는 시작할 때 돈이나 성공할 가망성은 없었지만 마음먹은 것은 무엇이든 성취할 수 있다고 자신을 굳게 믿었다. 그리고 목표에 더 가까이 다가가게 해 줄 원칙이나 생각이라면 무엇이든지 받아들였다.

탐파 거리에서 지내던 시절에 나는 이런 아주 중요한 교훈을 얻었다.

대부분의 사람에게 있어, 상실에 대한 두려움이
얻으리라는 희망보다 더 크다.

나는 이 두려움이 영향을 주는 것을 보고 또 보았다. 그리고 이런 생각은 겨우 15살 때 사람들의 마음을 아주 효과적으로 뒤흔들던 글렌 터너의 세미나에서 매우 확고해졌다. 그는 결국 다단계 업체를 운영한 것으로 6년간 옥살이를 하긴 했지만, 원래 의도가 무엇이었든 그는 수천 명의 사람으로부터 단번에 2억 달러나 되는 돈을 모을 수 있을 정도로 큰 영향력을 행사하는 법을 잘 알고 있던 게 분명했다.

정말로 생각하면 부자가 될 수 있는가

그의 발표에 포함된 차트는 공포가 대부분의 사람을 크게 성공하지 못하게 한다는 기본적 진실을 확실히 보여주었다. 사람들은 대부분 같은 길 위에서 시작한다. 아마 18살쯤 첫 차를 구하고, 21살쯤 첫 아파트를 갖게 되고, 그런 다음 23살쯤 결혼을 한다. 그리고 주택과 두 번째 차, 자식들 교육이 이어진다. 그들은 9시에서 5시까지 일하고 집으로 돌아와 TV를 보고, 밥을 먹고, 잠자리에 든다. 그리고 다음 날 모든 것이 똑같이 돌아간다. 그들은 주말과 해마다 돌아오는 휴가를 기다리며 산다. 그리고 결국 저축도 별로 못하고 은퇴할 때까지 같은 일상을 반복한다. 그렇게 살다가 그들은 죽는다.

터너는 의도적으로 그림을 암울하게 그렸다. 하지만 나는 여기에 상실에 대해 흔히 갖게 되는 두려움에 관한 기본적 진실이 담겨 있다는 걸 알아차렸다. 사람들은 대부분 일을 그만두는 걸 고려하지 않으려 한다. 훨씬 커다란 성공을 바라면서도. 왜냐하면 수입이 끊겨 주택 담보 대출을 갚지 못하거나 가족을 부양할 수 없게 되는 게 두렵기 때문이다. 사람들은 하나의 순환에 갇혀 옴짝달싹 못 하고 있다. 자신이 가진 그 작은 것을 잃게 될지도 모른다는 두려움 때문에 인생 그 자체에 도전장을 내밀지도 못하는 것이다.

그 세미나는 내게 상실의 공포에 대한 통찰 이상의 것을 주었다. 나는 연단에 서서 나 자신의 연설을 했다. 처음으로 여러 사람 앞에서 강연을 한 것이다. 강연은 참석자들에게 매우 큰 영감을 주어서 몇몇 사람들이 내가 만들 팀이나 회사가 무엇이든 거기에 참여하겠다며 내 주변에 모여들었다. 결국 나는 그 세미나에서 다시 거리로 던져졌다. 하지만 내가 배운 것은 얻을 수 있다는 희망을 잃을지도 모른다는 두려움보다 '끊임없이 더 크게 만들라'는 것이었다.

내 강점 중 하나는 분명히 다른 사람들에게 동기를 부여하고 심지어 영감을 줄 수 있는 능력이다. 그것은 지금 내가 구체적으로 보여 주고 있는 것이기도 하다. 이 능력은 처음 임금이 얼마든 다른 사람이 소유한 조직의 일부가 되는 것보다 더 가치 있다는 것이 증명되곤 했다. 내가 궁극적으로 성취할 것은 탐파의 거리에서 갈고닦은 여러 기술을 이용해 달성될 것이다.

🔑 **잃는 것에 대한 두려움보다 더 많이 얻을 수 있다는 희망을 가져라.**

정말로 생각하면 부자가 될 수 있는가

처음으로
백만장자가 되게 해 준 열쇠

12살에 내 길을 가기 시작한 이래 나는 사업을 수없이 시도했지만 거의 다 망했다. 하지만 계속 배우고 이루려고 애썼다. 나는 이리저리 궁리하다 좋은 아이디어가 생기면 즉각 일을 시작했다. 그러다 실패하면 다시 시작하기를 여러 번 반복했다. 17살 성탄절 무렵, 나는 당시 400개의 체인을 보유한 할인 백화점 제이어(Zayre)의 매장 앞에 우연히 서게 되었다. 그리고 처음으로 백만장자가 될 기회가 왔다는 걸 깨달았다.

백화점 정문 바로 앞에서 어떤 남자가 유리로 된 백조를 팔고 있었다. 나는 당시(그리고 지금도 여전히) 맨날 하던 대로 그에게 다가가 그의 사업에 대해 이야기를 나누기 시작했다. 그러다 그가 성탄절 맞이 장사를 하려고 정문 한구석을 임대해 지나가는 사람들의 눈길을 끌고 있다는 걸 알게 되었다. 유리 백조는 많이 팔리고 있었다. 그때 나는 한 철이 아니라 1년 내내 팔 수 있는 물건이 있다면 성공적으로 사업을 시작할 수 있을 거라는 생각이 번뜩 들었다.

그로부터 며칠 후, 나는 여러 백화점 직원들과 이야기

를 나누다 고객들은 필요로 하는데 백화점에서 취급하지 않는 것이 있다는 것을 알아냈다. 그것은 열쇠 복제로, 백화점에서는 그 서비스를 제공하지 않고 있었다. 나는 그 즉시 내 새로운 사업이 충족시켜야 할 니즈가 무엇인지 파악하게 된 것이다.

🔑━━ **니즈를 찾아 그것을 충족시켜라.**

성공적인 사업을 준비하는 여정에서 나는 항상 타당한 니즈를 파악한 다음 그것을 충족시켜야 한다는 사실을 깨닫게 되었다. 내가 그러한 니즈를 족집게처럼 찾아낼 수 있었던 유일한 비결은 가능한 많은 사람과 이야기를 나누면서 어떤 것이 부족하고, 어떤 것이 필요하며, 어떤 것에 수요가 있는지 알아보는 것이었다.

나는 돈도 없었고, 열쇠 제작에 대해 아는 것도 없었으며, 사실상 매장 관리부서에 접근해 가장 목이 좋은 위치를 확보할 수도 없었다. 하지만 그 어떤 것도 첫 열쇠 가게를 시작하겠다는 목표를 단념하게 할 수는 없었다.

나는 50달러를 긁어모아 열쇠 제작 기계를 간신히 중고로 구입했다. 그리고 낡은 책상은 폐품 하차장에서, 현금

정말로 생각하면 부자가 될 수 있는가

등록기는 어떤 식당 바닥에 버려져 있던 걸 구했다. 미가공 열쇠를 판매하는 사람을 소개받은 후, 나는 그에게 열쇠 가공에 대한 모든 것을 알려 주면 그에게서만 미가공 열쇠를 구입하기로 했다. 그도 동의했다.

나는 그에게 이런 비전을 팔았다. 나는 앞으로 열쇠 가게를 여러 군데 열 것이다. 그러면 내 사업이 확장되는 것만큼 그의 사업도 커질 것이다.

나중에 나는 이렇게 다른 사람들이 공감할 수 있고 믿음직한 비전을 구축하는 이 한 가지 능력에 기대 사업이 성공하곤 했다. 여러분이 참여시킨 사람들 모두 단지 수동적인 기여자가 아니라 비전의 일부가 되어야 한다. "나는 당신을 잊지 않겠습니다."라고 말하는 건 쉽다. 하지만 나는 사업을 하면서 나를 계속 믿어 준 사람들을 기억하는 것으로 명성을 쌓았다. 내 비전에 참여한 사람들은, 실제 업무나 지위에 상관없이 마지막까지 결코 목적을 위한 수단으로 취급받는 일이 없었다.

🔑 **특별한 삶을 이루려면 여러분을 믿어 주는 사람들과 함께 가야 한다. 그들을 짓밟거나 위에 있으려 하지 말고.**

나는 매장 관리자에게 접근했다. 처음에 그는 내 제안을 들어 보려고 하지도 않았다. 하지만 내가 끈질기게 매달리자 그는 매출의 20%를 받는 것으로 합의해 주었다. 처음 한 주 동안 나는 600달러를 벌었다. 그리고 곧 가판에서 일할 사람을 채용했고, 이듬해에는 제이어 백화점 체인 전체에 열쇠 가게 수백 곳을 열었다.

나는 니즈를 파악하고 그것을 채워 주었다. 그리고 내겐 불타는 열망이 뒷받침하는 확고한 계획이 있었다. 그 계획으로 나는 끈질기게 시도하는 자세를 갖추고 겨우 17살에 1백만 달러가 넘는 순자산을 구축할 수 있었다.

> 기회를 잡지 못하는 사람들은 좀처럼 기회를 활용해 일을 추진할 능력이 없다. 성공에는 항상 위험이 따른다. 시간과 돈, 노력을 투자해 기회를 잡아야만 한다. 기회를 사려 깊고 신중하게 분석하는 것은 도움이 된다. 그렇다고 용기를 내지 못하고 주저하면 안 된다. 위험을 무릅쓰고 걸어야 하는 것들이 열심히 일해 일군 것들이라 그것을 아까워하는 것은 당연하다. 하지만 활용하지 않으면 그것들이 무슨 소용 있겠는가? 여러분은 기회를 알

아보고 거기에 투자하겠다고 생각한 시간과 돈, 노력만큼 앞으로 나아간다. 자신감이 있으면 기회가 생겼을 때 위험을 무릅쓰고 행동할 수 있는 용기가 생긴다. 아무도 여러분에게 성공을 강요하지 않을 것이다. 여러분은 얼마나 적극적으로 성공을 추구하느냐에 따라 바로 그 정도 수준까지 성공한 자신을 발견하게 될 것이다.

─《생각하라 그리고 부자가 되어라》중

** **생각해 볼 점** **

나는 '완벽한' 기회를 기다리지 않았다.
그 대신 일단 시작하면 모든 일에
최대의 노력을 기울였다.

더 많은 주의가 필요하다

불행히도 나는 여전히 신참이었고 하루하루 꾸려 나가던 사업의 기본에 대해 훨씬 더 많은 것을 배워야 했다. 나는 장기 임대 계약을 하는 것처럼 기본적인 것들이 포함된 세부 사항들을 전부 챙기지 못했다.

제이어의 경영진은 고작 20%로, 얼마나 돈을 벌어들이고 있는지 알고 있었다. 그들은 내게 30일 안에 매장을 모두 비우라고 했다. 나도 모르는 사이에 나는 다시 파산했다. 모든 돈을 사업을 키우려고 재투자했기 때문에 나는 다시 한번 빈털터리로 노숙자가 되어 차에서 잠을 자는 신세가 되었다.

그래도 엄청난 부를 쌓겠다는 불타는 열망이 있었기에 나는 포기하지 않았다. 열쇠 가게를 여는 것은 단지 한 가지 길일 뿐이었다. 다른 길들도 있었다. 나는 그냥 새로운 아이디어를 생각해 내야만 했다.

실패는 우리를 자기만족이라는 푹신한 자리에서 몰아내 무언가 유용한 일을 할 수밖에 없도록 할 때 축복이 된다. 자신의 삶과 여러분이 존경하는 사람들의 삶을 주의 깊게 연구해 보면 여러분의 가장 큰 기회가 종종 역경의 시기에 생겼다는 걸 알 수 있다. 절대적으로 실패의 가능성에 직면했을 때만 우리는 기꺼이 급격한 변화에 잘 대응하고 커다란 성공으로 이어지는 위험을 감수할 것이다. 일시적인 실패를 경험하고 그것이 일시적인 것이라는 사실을 알 때, 여러분은 역경이 항상 가져다주는 기회들을 이용할 수 있다.

―《생각하라 그리고 부자가 되어라》 중

** **생각해 볼 점** **

나는 가장 극적인 실패들조차
일시적인 것으로 본다.
나는 그 어떤 두려움에도 굴복하지 않는다.

LESSON 3

파산했지만
그만두지 않다

나는 더 크게, 더 빨리 이루고 싶다면 다른 사람의 돈을 활용해야 한다는 사실을 이해하게 되었다. 특히 가진 돈이 하나도 없다면 말이다.

이러한 사업의 기본 원칙은 그런 원칙 없이 다음 몇 년 동안 이루었을 것보다 훨씬 더 많은 것을 이루는 데 도움이 되었다.

🔑 **더 크게, 더 빨리 이루려면 다른 사람들의 돈을 활용하라.**

이는 내가 그랬던 것처럼 여러분에게 주어진 신뢰를 염두에 두기만 한다면 자기 이익만 생각하는 전략이 아니다. 사업 거래에서 무슨 일이 일어나든 나는 투자자가 먼저 대가를 받는다는 것을 원칙으로 삼았다. 비록 그것이 내가 개인적으로 타격을 받는 것을 의미한대도 말이다. 많은 책은 작은 사업을 시작할 때 소유주인 여러분이 먼저 대가를 받을 수 있도록 하라고 조언한다. 하지만 엄청난 부를 일구려면, 그리고 그것이 다른 사람의 돈과 어쩌면 그들의 평판을 이용한 것이라면 우선순위를 신중하게 생각해 보라.

다른 사람들의 돈을 사용하는 경우 책임을 져야 한다. 그리고 자신보다 그들을 우선시해야만 한다.

투자자
확보하기

다시 파산한 나는 즉시 다음 사업을 찾아 나섰다(이런 습관이 몸에 뱄기 때문에 나는 그날그날 진행 중인 프로젝트들의 문제를 해결하면서도 기회가 나타나기를 계속해서 주목하고 있었다). 어느

정말로 생각하면 부자가 될 수 있는가

날 다시 한번 탐파 거리를 걷다가 나는 자동차 정비소에 들러 야외 주차장에 있던 주인에게 말을 걸었다. 주인과 대화를 나누고 있는데 손님이 들어왔다. 그곳에 차를 몇 대 맡긴 사람이었는데 나는 거기에 관심이 갔다. 그 손님으로 말할 것 같으면, 경매로 산 차를 수리해서 다시 경매로 되파는 사람이었다. 내 생각에, 이것은 내가 쉽게 할 수 있는 일이었다.

차를 구매할 돈을 대 줄 사람만 있으면 됐다. 이는 열쇠 제작 사업을 하고 나서 얻은 전략이었다. 그리고 제이어에서의 경험도 여러모로 도움이 되었다. 나는 가족을 부양하기 위해 매장 보안을 부업으로 해 주던 경찰관을 알고 있었다. 나는 자동차 정비소를 나와 그 경찰관을 다시 찾아갔다. 그리고 만약 자동차 살 돈을 대 주면 내가 차를 사서 수리한 다음 경매로 팔겠다고 제안했다. 이익은 반반씩 나누기로 했다. 차가 판매되기 전까지는 그가 소유권을 담보로 잡고 있었다(50대 50으로 나누는 것이 내 거래의 기본이 되었다).

항상 자기 자신과 자신이 성취할 수 있는 것에 믿음을 가져라.

처음 자동차 몇 대에서 수익이 나긴 했지만, 그 정도 수익으로는 내 재정적 목표를 달성하는 데 도움이 될 것 같지 않았다. 나는 훨씬 더 공격적으로 미친 듯이 자동차를 사들였다. 그런데 이런 조건에 있는 플로리다의 자동차는 수리를 하지 않는 게 나을 정도로 파손된 것으로 여겨져 내 계산보다 가치가 크게 떨어진다는 사실을 파악하지 못했다. 그렇게 나는 주의를 기울이는 게 얼마나 중요한지 몸소 경험했다(이 경우는 주의를 기울이지 못해서 벌어진 일이었다). 그리고 그런 자동차에 너무 많은 돈을 써서 새로운 사업이 망할 위기에 처하게 되었다.

이 경험을 통해 나는 역경과 실패, 실연은 그만한 크기의, 또는 그보다 훨씬 더 큰 이득을 가져다준다는 《생각하라 그리고 부자가 되어라》의 원칙을 제대로 체험했다. 나는 그냥 포기하지 않았다. 나는 겨우 21살이었다.

다른 사람이 여러분의 미래를 결정하는 걸 허락하지 않겠다고 결심했을 때, 일시적인 후퇴에 굴복하지 않을 때, 여러분은 커다란 성공을 거두게 되어 있다. 기회는 항상 여러분 편에 있다. 지금 당장 극복할 수 없는 고난이 있다면, 그와 같거나 더 큰

이득의 씨앗을 찾으면서 미래의 어느 날 그것들을
활용하게 될 거라는 사실을 기억하라.

―《생각하라 그리고 부자가 되어라》 중

＊＊ **생각해 볼 점** ＊＊
"누가 여기서 이득을 볼 수 있는가?",
이 질문의 답을 알게 됨으로써 나는
"아니오"를 "예"로 바꿀 수 있다. 그렇게 해서
거래에서 모두 이익을 보게 된다.

기어
변경하기

수리해서 경매에 가져갔던 트럭 한 대가 팔리지 않고
남았다. 경매가 끝난 후, 나는 어떤 사람이 트럭을 둘러보고
있는 걸 보았다. 그래서 그에게 다가가 차를 사라고 제안했
다. 그는 차를 사는 데는 관심이 없었지만, 대화를 오래 나누

다 보니 밴의 '차체'에 관심이 있는 것 같았다. 자동차 연비 증가에 대한 정부의 새로운 규정 때문에 제조업체들이 소형차의 생산은 늘리고 트럭은 줄이는 바람에 밴에 대한 수요가 더 커지고 있었다. 동시에 소비자 맞춤형 밴은 대단히 인기를 끌며 시장에 훨씬 더 큰 압박을 가하고 있었다.

밴의 차체에서 새로운 기회가 보였다. 그것은 충족되어야 할 니즈였다.

🔑 **잘못된 방향으로 가고 있다면 언제든지 방향을 바꿀 준비가 되어 있어야 한다.**

기꺼이 방향을 바꾼다는 것이 목표를 버려야 한다는 것을 의미하지는 않는다. 그 대신 여러분은 유연성을 발휘해 목표를 성취할 방법에 대한 전략을 조정해야 한다. 나는 자동차를 구매하고 고쳐서 판다는 개념으로 시작했지만, 재빨리 소비자 맞춤형 밴 사업으로 방향을 돌리기로 했다.

밴의 공급이 부족했기 때문에 새로운 사업 파트너는 내가 차체를 구할 때마다 돈을 지불하기로 했다. 그런 다음 그는 차를 재판매하기 위해 개조했다. 글렌 터너 모임에서 사람들 앞에서 처음으로 연설했을 때뿐 아니라 거리에서 매일 갈고닦은 자신감으로 충만한 나는 그에게 필요한 차체를 모두 찾아 주겠다고 장담했다.

🔑 **말할 때는 항상 자신감을 내보여라. 사람들은 자신 있게 말하고 행동하는 사람에게 끌린다.**

자신감에 대한
간단한 설명

나는 어떻게 하면 자신감을 가질 수 있는지에 대해 끊임없이 질문을 받아 왔다. 하지만 그것은 앞뒤가 바뀐 질문이다. 처음에 자신감이 좀 없어도 엄청나게 자신 있는 것처럼 밀고 나가라.

자신 있게 제안서를 보여 주면 사람들은 여러분을 믿고 신뢰할 것이다. 무조건 그렇게 될 때까지 그런 척해라. 상투적이긴 해도 맞는 말이다.

어떤 일을 해낼 방법을 모를 때도 나는 삶의 모든 일에 확신을 갖고 다가갔다. 나는 내가 방법을 알아내리라는 걸 알았다. 사람들은 거만하지는 않지만 자신감 있는 사람들과 거래하기를 좋아한다. 그들은 여러분에게 유리한 쪽으로 믿어 줄 것이다.

신뢰와
기회

나는 밴을 찾을 만한 곳을 알아낼 재간이 없었다. 특히 밴 공급이 그렇게 부족하게 된 이후로는 더 그랬다. 엎친 데 덮친 격으로 재판매할 밴을 구매할 선수금을 약속대로 받지도 못했다. 하지만 무엇이든 이뤄 낼 수 있다는 나에 대한 믿음을 갖고 판매상마다 전화를 걸며 계속 뒤지다 플로리다 팬핸들(Florida Panhandle)에서 밴 열두 대를 보유한 판매상을 찾아냈다. 나는 영업사원에게 곧 거기 있는 차를 모두 사러 가겠다고 약속했다(팬핸들은 탐파에서 차로 못해도 예닐곱 시간은 달려야 갈 수 있는 곳이었다).

정말로 생각하면 부자가 될 수 있는가

나는 토요일에 이런 결정을 했다. 내가 구매자와 만나기로 한 경매는 화요일에 열릴 예정이었다. 나는 잘 알지도 못하는 사람이 정말로 그 밴들을 살 것인지 확실히 알지도 못하는 위험을 무릅쓴 채 15만 달러를 들고 밴을 사러 갈 방법을 찾아내야만 했다.

나는 내게 그런 돈이 있다고 믿고 영업사원을 대하면 그가 나를 믿을 거라고 생각했다. 그리고 그게 통했다. 도착해 보니, 그는 15만 달러짜리 수표 거래에 매우 들떠 있었다. 나는 그 수표가 화요일이 되면 은행에 돌아온다는 걸 알고 있었다. 구매자가 약속을 지키지 않으면 나는 어쩌면 불량 수표 발행 죄로 감옥에 갈 상황이었다.

🗝 성공하려면 위험을 감수해야 할 때, 그래야만 한다.

영업사원이 수표를 받아 준 뒤 나는 세븐일레븐 몇 군데서 약간 후줄근한 차림으로 어슬렁거리고 있던 사람 열두 명을 발견했다. 그리고 그들에게 밴을 탐파까지 몰고 가 주면 10달러씩 주겠다고 제안했다. 탐파는 여전히 내 본거지라 그리로 가야 했다. 월요일 아침에 나는 은행에 전화를 걸어 은행 관리자에게 화요일에 수표를 받으면 최대한 언제까지 그것을 현금화하는 걸 늦춰 줄 수 있는지 물었다. 그는 오후 2시까지가 최종 시한이라고 했다. 화요일 아침, 나는 열두 명을 다시 모집해 올랜도(Orlando)의 경매장으로 최대한 빨리 차를 몰고 오라고 했다.

다행히도 구매자는 약속을 지켜 밴값과 함께 밴 한 대당 600달러에 달하는 내 수익을 수표로 건넸다. 그러고 나자 나는 고사하고 그 열두 명이 탐파로 돌아갈 교통편이 없다는 게 생각났다. 그때 나는 당당하게 그가 개조한 밴을 탐파로 가져가 판매하겠다고 말했다. 그는 자동차 열쇠를 내게 넘겼다.

나는 인부들을 태우고 미친 듯이 달려 마감 시한 5분 전에 은행에 도착했다. 당황스럽게도 은행 관리자는 수표로는 수표를 갚을 수 없다고 설명하며 내가 발행한 수표를 반환해야겠다고 했다.

다시 나는 될 거라 믿고 은행 관리자와 1시간 동안 끈질기게 대화를 나눴다. 처음에는 서서 이야기하다가 나중에는 앉아서 계속 이야기했다. 힘들었지만 그는 마침내 수표를 처리해 주기로 했다.

지나치게 조심하는 것은 조심하지 않는 것만 못하다. 다른 사람들이 여러분을 신뢰해 주길 기대한다면 신뢰할 수 있게 처신하라. 너무 조심해서 새로운 일을 시도하지 못하면 조심성이라고는 없이 닥치는 대로 떠오른 아이디어를 실행에 옮길 때만큼이나 여러분의 신뢰에 금이 가게 될 것이다(사람들은 대부분 잘못된 판단과 모든 종류의 극단적 행동을 같은 것으로 본다). 하지만 '분석 마비(지나친 생각 때문에 결정을 내리지 못하는 것 — 역주)'의 희생양이 되지는 말라. 사실과 의견을 구분하는 법을 배우고, 믿을 만한 정보를 기반으로 결정을 내리고 그 후속 조치를 정하라. 그런 다음 행동에 나서라!

—《생각하라 그리고 부자가 되어라》 중

＊＊ 생각해 볼 점 ＊＊

나는 내 목표에 영향을 줄 수 있는
문제에 대해 정보를 계속 제공해 줄
믿을 만한 사람들을 비롯해
매우 신뢰할 만한 정보를 찾아다녔다.

《생각하라 그리고 부자가 되어라》에서 말하듯 작은 성공을 거둘 때마다 자신감이 생겨 자신의 능력에 점점 더 신뢰가 쌓이게 된다. 내가 목표를 향해 나아가기 위해 필요한 일들을 다른 사람들이 하도록 설득하는 데서 거둔 성공 하나하나가 바로 그런 목표를 성취할 수 있는 능력에 대한 확신을 내게 불어넣어 준 것이다.

은행을 나온 후 나는 처음 눈에 띈 대리점으로 개조한 밴을 몰고 갔다. 우연히도 그곳은 은행 바로 옆에 있었다. 밴 구매 담당 관리자에게 영업을 하고 있는데, 고객 한 명이 바로 그 차를 자세히 둘러보며 크게 관심을 보였다.

고객이 관심을 보이는 걸 눈치챈 관리자는 나와 대화를 서둘러 중단하고 밴을 구매했다. 600달러의 수익이 더 나왔다. 나는 뒤에 남아서 대리점에서 6,000달러를 얹어 그 밴을 판매하는 것을 지켜보았다. 그때 나는 진짜 돈은 밴을 소매하는 데 있다는 사실을 깨닫게 되었다.

누가
이득을 볼 것인가?

나는 무언가를 성취하고 싶거나, 누군가 나한테 투자를 하게 하거나, 고객이나 판매 회사의 지지를 얻고 싶을 때, 그렇게 되면 누구에게 이익이 되는지 항상 생각해 봐야 한다고 배웠다. 어떤 아이디어를 선보일 때, 자신이 원하는 것을 내놓지 말고 다른 누군가에게 이득이 될 것을 내놓아라. 그러면 그들은 훨씬 더 쉽게 결정을 내릴 것이다. '예'라는 대답을 들을 가능성이 커지는 것이다.

나는 또한 거래를 성사시킬 때는 반드시 모든 사람에게 득이 되게 해야 한다는 사실도 배웠다. 어떤 협상이나 거래에서 한 사람이라도 잃는 게 있다면 그 거래는 나쁜 거래이며, 대개 성사되지 못할 것이다.

🗝 좋은 거래는 모두가 이기는 것이다

이후 넉 달 동안 나는 밴 차체를 사서 개조 업체에 팔았다. 그런 다음 개조한 밴을 대리점에 팔곤 했는데, 그러는 내내 내가 대리점을 갖게 되면 누구에게 이득이 될지 생각하면서 머리를 쥐어짰다. 그러다 밴 제조업체가 밴을 경매나 다른 대리점을 통해 여기저기서 파는 것보다 자기 대리점을 통해 팔게 되면 더 많은 이익을 챙길 수 있을 거라는 생각이 들었다.

나는 밴 개조업체에 연락해 만약 그 회사가 대리점을 여는 데 약 1백만 달러를 투자하고 내가 판매할 밴을 모두 댄다면 회사의 수익이 엄청나게 증가할 거라고 제안하기로 결심했다. 나는 내가 앞서 언급한 분배율을 사용하여 표준 거래안을 구성했다. 누군가 돈을 대고, 내가 모든 일을 처리한다. 그리고 우리는 50대 50으로 수익을 나눠 갖는다.

나는 하트웰(Harwell)로 차를 몰았다. 그곳은 개조 공장이 위치한 조지아주(Georgia)였다. 그것은 쉬운 일이 아니었다. 하지만 나는 마침내 한 소유주를 설득해, 내 대리점을 내는 데 필요한 돈 1백만 달러와 밴 100대를 대도록 했다. 나는 수익이 나는 사업을 하나 성사시킨 게 아니라, 훨씬 더 큰 성공을 향해 앞으로 나갔던 것이다. 겨우 2년 후, 나는 대리점을 여섯 군데 열고, 보험회사를 시작했으며, 부동산에 투자했다. 23살이란 나이에 5천만 달러가 넘는 순자산을 일군 것이다.

정말로 생각하면 부자가 될 수 있는가

가장 중요한 것은 다른 사람들과 협상하는 법을 배우는 것이다. 협상 전문가들은 그 과정을 매우 순조롭게 진행하므로 논의가 전혀 협상으로 보이지 않는다. 협상이라는 단어 그 자체는 시가를 물고 자신의 요구 사항을 강조하려고 책상을 두드리고 있는 상대방의 모습을 떠올리게 하지만, 최상의 결과는 협상 당사자들 모두 상대방의 입장이 되어 모두에게 이익이 되는 데 합의할 때 얻어지는 법이다. 성공 가능성은 여러분이 마음속에 분명한 목표를 품고 상황에 긍정적으로 임할 때 훨씬 더 커진다. 상대방의 동기를 이해하고 토론 주제에 대해 깊이 아는 것도 도움이 된다. 한마디로 모든 주제에 마음을 열고 임하라. 다른 사람을 괴롭혀 여러분의 목적을 이루려 하거나 여러분의 관점을 받아들이게 하려고 해서는 안 된다.

　　　　　　　　　　―《생각하라 그리고 부자가 되어라》중

LESSON 4

카쇼기와 함께하며
잃은 것과 얻은 것

나는 24살에 백만장자이자 탐파에서 가장 부유한 사람 중 한 명이 되었다.

나는 성공이라고 여겨지는 모든 것을 차지했다고 확신했다. 예를 들어, 나는 부동산을 사들였다. 이전에 힐스버러 강(Hillsborough River)을 따라 조성된 식물원이었는데, 나는 그곳을 새장과 다른 세련된 표지물로 채웠다. 게다가 나는 당시 가장 희귀한 스포츠카였던 드 토마소(De Tomaso, 이탈리아 드 토마소 모데나(De Tomaso Modena) 사의 자동차—역주)를 몰았다. 그리고 내가 말했던 것보다 더 많은 모험을 하면서 10년을 넘게 플로리다에서 살았다. 마침내 나는 엄청난 부와 성공을 거두겠다는 내 목표를 달성했다고 생각했다.

비전을 바꾸고
안일함에서 벗어나다

나는 〈부자 라이프스타일(Lifestyles of the Rich and Famous)〉이라는 1시간짜리 TV 심야 특집 프로그램을 지인 몇 명과 함께 시청했다. 그 프로그램은 당시 세계 최대의 부자인 아드난 카쇼기(Adnan Khashoggi)를 집중 조명하고 그의 여러 저택(그는 35채를 소유했다)과 제트기, 헬리콥터, 요트, 그리고 이 프로그램에서 '돈으로 살 수 있는 궁극의 라이프스타일'이라고 표현한, 그가 쌓아 놓은 상류층의 라이프스타일을 소개했다. 하지만 진정 내 상상력을 사로잡은 것은 호스트인 로빈 리치(Robin Leach)가 카쇼기를 수십억 달러짜리 거래를 성사시킬 뿐 아니라 전 세계 정치 지도자들로부터 존경받는, 나라 없는 나라의 우두머리로 소개한 것이었다.

사실, 물리적으로 눈에 보이는 것들의 이미지도 놀라웠지만 나는 그가 전 세계 지도자들과 어깨를 나란히 하고 앉아 있던 장면에 관심이 집중됐다. 말 그대로 그들은 같은 급이었다. 카쇼기의 영향력과 파워, 그리고 그의 삶은 내가 처음 《생각하라 그리고 부자가 되어라》를 읽었을 때 시작된, 내 것이 될 수도 있는 궤적을 보여 주었다. 나는 12살에

정말로 생각하면 부자가 될 수 있는가

집을 떠나며 스스로 세웠던 궁극적 목표를 다 이루지 못하고 멈췄다는 걸 깨달았다. 나는 상대적인 성공이 아니라 특별한 삶의 일부분이 될 특별한 성공을 추구하려 했다.

프로그램이 끝났다. 나는 내가 카쇼기를 본받아 그처럼 성공하고 싶어 하며, 그렇게 될 유일한 방법은 그와 함께 일하며 배우는 것이라는 걸 알았다. 나는 손님들을 향해 이렇게 말했다. "언젠가 곧 저는 아드난 카쇼기와 함께 일하게 될 겁니다." 잠시 침묵이 흐른 후, 그들 중 몇몇이 웃었다. 그러고 나서 여러 가지 이유로 모두 똑같이 부정적인 생각을 하고는 내게 그런 기회는 오지 않을 거라고 대놓고 말했다.

《생각하라 그리고 부자가 되어라》에서 주장하듯 부정적 영향이 친구에게서 온 것이든 적에게서 온 것이든 그로부터 자신을 보호하고 앞으로 나아갈 수 있어야 한다. 나는 손님들과 언쟁을 벌이거나 화를 내지 않았다. 대신 그들의 비판을 불타는 열망의 새로운 연료로 재활용했다.

이것은 내가 했던 가장 커다란 도전이 될 터였다. 나는 그날 밤 내 평생 자동으로 사용해 왔던 원칙들을 다시 마음에 새기기 위해 《생각하라 그리고 부자가 되어라》를 다시 읽기로 했다. 나는 옆길로 새서 그간 이룬 것들에 안주하며 너무 자아도취에 빠져 있었다. 카쇼기가 이룬 것들을 보고 나서야 나는 내 전 생애를 다시 정비해야 한다는 걸 깨달았다.

내가 가진 배를
모두 불태우다

《생각하라 그리고 부자가 되어라》에서는 전사의 전투 전략에 대해 말한다. 그것은 성공만이 내 유일한 선택이 될 수 있도록 절대 포기하지 않고 자신을 다잡게 하는 통찰력을 주었다.

오래전 한 위대한 전사가 전쟁에서 반드시 이기기 위해 중요한 결정을 내려야 하는 상황에 직면했다. 그의 군대를 강력한 적군에 맞서 막 출정시키려 할 때, 적군의 수는 그의 군대보다 많았다. 그는 병사들을 배에 태우고 적국으로 가서 병사들과 군 장비들을 내려놓고는 그들을 실어 온 배를 불태우라고 명령했다. 첫 번째 전투에 앞서 그는 병사들에게 이렇게 호령했다. "제군들은 배가 연기에 휩싸이는 걸 보았을 것이다. 그것은 우리가 승리를 거두지 못하면 이 해

정말로 생각하면 부자가 될 수 있는가

변을 떠날 수 없다는 의미다! 우리에겐 지금 다른 선택이 없다. 우리는 이기거나 여기서 죽는다!"

나는 그 전사의 전략을 사용하기로 마음먹었다. 나는 내 배를 불태워야 했다. 그래서 그 후 몇 주 동안 내가 가진 모든 것을 제값의 10분의 1만 받고 아주 헐값에 팔아 치웠다. 그제야 나는 아무런 제약 없이 세상에서 가장 부유한 사람을 찾아가 그에게서 배울 수 있게 되었다. 나는 가난에 대한 두려움으로부터 영향을 받지 않으려 했다. 마치 TV 프로그램이 끝나고 손님들이 보낸 비난에 대한 두려움에 영향을 받지 않았던 것처럼 말이다.

단지 성공이 아니라 특별한 삶이라는 성공을 거두려 한다면 나는 방향을 바꾸어 앞으로 나가야 했다.

결정을 잘못할 때보다 망설일 때 잃는 게 더 많다.

카드 점을
치다

나는 먼저 내가 아는 사람을 전부 수소문한 다음 전 세계에 흩어져 있는 아는 사람의 아는 사람까지 뒤져 카쇼기와 개인적 친분이 있어 내게 줄을 대 줄 사람을 찾으려 했다(현재 7천 명이 넘는 내 주소록의 연락처 대부분은 내가 바로 전화를 걸어도 되는 사람들이다). 꼬박 1년을 노력한 끝에 나는 운전사를 통해 카쇼기를 소개받은 적이 있는 전문 '심령술사'를 찾아냈다. 그는 타로 점을 쳤다. 나는 그 운전사에게 소개를 부탁했다. 그리고 심령술사에게도 1만 달러를 건네며 다음에 카드를 읽을 때 미래에 언젠가 나타날 라미(Ramy)라는 사람을 '봐' 달라고 했다.

그러고 나서 나는 운전사에게 카쇼기의 변호사나 심지어 척추지압사처럼 카쇼기 주변에 머물 수 있는 직원이나 다른 사람들에게 나를 소개해 달라고 부탁했다. 나는 내 이름이 꾸준히 레이더에 잡힐 수 있도록 6개월 더 인맥을 뒤졌다.

여러분은 아마 내가 이 사람들을 모두 어떻게든 꼬드겨 이중 첩자로 만들고 카쇼기를 배반하게 한 건 아닌지 궁

정말로 생각하면 부자가 될 수 있는가

금할 것이다. 하지만 나는 절대로 그런 식으로 일하지 않는
다. 대신 나는 내가 결국 카쇼기에게 최대한 이득이 되는 일
을 하고 있으며, 전적으로 그의 편이라는 진정한 믿음을 주
면서 그들과 신뢰를 쌓았다. 만약 내가 이 점을 스스로 확신
하지 못하고 다른 사람들에게 설득력을 갖지 못했다면 그
들은 내게서 멀어졌을 것이다. 나는 그들의 정체성과 신뢰
를 확실하게 지켜 주었고, 그들 또한 나를 지켜 주었다.

🔑 **신뢰는 상대방에게 최대한 이득이 되도록 일하는
데서 생긴다.**

나를 위한
기회를 만들다

어떻게든 카쇼기를 만나보겠다고 결심한 지 거의 2년
이 지나고서야 내 계획이 빛을 보기 시작했다. 그가 뉴욕
을 방문할 예정이었던 것이다(그는 뉴욕 올림픽 타워 맨 꼭대

기 두 개 층을 소유하고 있었다). 그는 차 한잔하자며 나를 초대했다. 나는 2시간 먼저 도착해서 세인트 패트릭 대성당(St. Patrick's Cathedral) 근처 계단에 앉아 세상에서 가장 부유한 사람에게 어떻게 다가가 함께 일할 수 있게 해 달라고 설득할 것인지 골똘히 생각했다.

인내와
기회

《생각하라 그리고 부자가 되어라》를 다시 곰곰이 생각해 보면서 나는 힐이 토마스 에디슨의 동업자가 되고 싶어 했던 에드윈 C. 반즈(Edwin C. Barnes)에 대해 들려 준 이야기 중 하나를 기억해 냈다. 그는 기차에 뛰어올라 에디슨에게 자기를 소개하고 다짜고짜 자신이 그와 함께 일하게 될 거라고 말했다. 반즈의 경우, 에디슨은 그에게서 무언가, 말하자면 목적에 대한 단호함을 보고 그와 함께 일해 보겠다고 마음먹게 되었다.

반즈는 기회가 올 때까지 참을성 있게 기다렸다. 에디슨이 전기 녹음기를 발명하자 반즈는 도전을 시작했다. 그는 에디폰(Ediphone, 에디슨 실린더 축음기─역주)을 성공적으로 판매해 그 위대한 발명가와 함께 수백만 달러를 벌어들였다. 나는 이렇게 생각했다. 그게 반즈에게 통했다면 내게도 통할 거야.

성공한 사람들은 결단력 있는 사람들이다. 기회가 찾아오면 그들은 신중하게 그것을 평가하고, 결정하고, 적절한 행동을 취한다. 그들은 망설이는 것이 더 생산적인 일들에 쓰일 수도 있는 시간을 낭비하는 것이라는 걸 알고 있다.

─《생각하라 그리고 부자가 되어라》중

＊＊ 생각해 볼 점 ＊＊
나는 아무렇게나 생각 없이 행동하지도 않지만,
행동을 할지 말지 생각하느라
시간을 흘려보내지도 않는다.

약속 시간에 나는 엘리베이터에서 내려 그의 아파트로 들어갔다. 처음에는 호화로운 내부 장식이 나를 압도했다. 지금도 그냥 몇 마디 말로는 설명하기 어려울 정도로 내부 장식이 왕궁 같았다. 하지만 나는 곧 인생과 막대한 부의 성취를 보는 눈을 고쳐먹었다. 그런 부는 더 이상 추상적인 생각이 아니라 눈으로 볼 수 있는 현실이었다. 아무것도 없이 시작한 사람도 그런 성공을 거둘 수 있다면 내가 그러지 못하란 법도 없었다.

약 15분 후 카쇼기(나는 이미 그를 '아드난'으로 생각하기 시작했지만)가 나선형 계단을 걸어 내려와 잠시 쉬었다가 나를 쳐다보고는 말했다. "아, 라미!" 세상에서 가장 부유한 사람이 내 이름을 알고 있다니! 그는 내게 마실 것을 권했다. 내가 긴장하며 코카콜라를 달라고 하자 그는 유리잔에 콜라를 따랐다.

우리는 여러 거실 중 하나에 앉았다. 먼저 일상적인 대화를 나눈 후, 그는 내가 현재 무슨 일을 하고 있는지, 앞으로 무슨 일을 하려고 하는지 물었다. 나는 지금이 반즈의 원칙을 사용할 기회라는 걸 알았다. 그래서 그와 함께 일하는 것은 물론 그와 함께 일한 사람 중 최고가 되겠다고 말했다. '그를 위해서'가 아니라 '그와 함께'라는 말을 조심스럽게 강조하면서.

🗝️— 다른 사람들과 함께 일하라, 그들을 위해 일하지 말고.

카쇼기는 조금 웃더니 내가 진심이라는 걸 알고는 웃음을 그쳤다. 그는 너무 바쁘다는 걸 강조하며 내 생각을 전부 들어 보지 않았다. 그리고 나더러 몇 년 후에 다시 왔으면 좋겠다고 말했다. 당연히 많은 사람이 이쯤에서 포기하려 할 것이다. 하지만 나는 일주일 후에 다시 오겠다고 응수했다. 그리고 일주일 후 나는 내 가치를 그에게 증명해 줄 매우 인상적인 거래를 그에게 보여 주었다. 그는 내 제안을 예의상 수락했다. 하지만 중요한 점은 그가 수락했다는 사실이었다.

자신을 믿으면 결과적으로 행동이 긍정적인 방향으로 전개된다. 그 방향으로 꾸준히 나아간다면 여러분은 반드시 성공할 수 있다. 자신의 생각이나 능력을 믿고 이 우주의 무한 지성을 신뢰하면 그 생각과 행동이 결국 성공적인 결과로 이어질 거라는 사실을 여러분은 알고 있다. 여러분에게 실패란 없다.

—《생각하라 그리고 부자가 되어라》중

> ＊＊ **생각해 볼 점** ＊＊
> 나는 언제나 나 자신을 믿는다.
> 그것은 성공을 위한 기본 자질이다.

거래를
성사시킵시다

나는 아드난에게 무엇을 다시 들고 갈 수 있을지 아무런 단서도 없이 탐파로 돌아왔다. 나는 신속하고 집중적으로 제대로 된 연구를 시작해야 했다(그때는 아직 범용 인터넷이 없던 시절이었다). (지금처럼) 습관대로 나는 아드난과 헤어진 그 순간부터 메모를 하고 브레인스토밍을 했다. 비행기가

정말로 생각하면 부자가 될 수 있는가

착륙하자 나는 내 중개회사로 가서 S&P 보고서를 전부 검토해 보면 되겠다는 생각이 들었다. 그것은 내가 대단히 저평가된 회사를 찾을 때까지 이 회사 저 회사를 뒤지면서 계속했던 일이었다.

나는 열렬히 따르게 된 사람에게 인상적인 거래를 제안할 마음에 들떠 뉴욕으로 다시 날아갔다. 하지만 실망스럽게도 도착했을 때 나를 맞아 준 건 내 제안에는 관심도 없는, 아드난의 비서였다. 나는 아드난을 만나게 해 달라고 했지만 비서는 그가 바쁘다고만 했다.

나는 아무 말 없이 일어서서 아드난을 찾아 아파트를 뒤졌다. 그리고 어떤 방에 조용히 앉아 있는 그를 발견했다. 나는 일단 앉아서 당연히 셀 수 없이 많은 사람이 갖가지 거래를 들고 찾아올 테니 내가 그렇게 무시당하는 것도 이해가 간다고 말했다. 나는 겨우 27살이었지만, 그가 함께 일했던 사람들 중에 최고가 될 거라는 걸 알고 있었다.

아드난은 다시 자기가 너무 바쁘니 몇 년 후에 와 주면 좋겠다고 했다. 하지만 나는 《생각하라 그리고 부자가 되어라》의 원칙을 내면화했고, 새로운 불타는 열망에 불을 붙인 상태였다. 특별한 삶의 모델이 바로 내 옆에 앉아 있었다. 나는 내 미래의 여정에 아드난이 있게 될 거라는 걸 알고 있었다.

후퇴란 없었다. 나는 가진 배를 모두 태워 없앤 터였다.

목표를 향해 적극적으로 행동하고 있다면 실패란 없다. 오로지 얼마나 성공하느냐만 있다. 주도권을 쥐어라. 문제에 부딪혔을 때나 어려운 결정을 해야 할 때 해결책을 찾아 괴로워하며 끝도 없이 시간을 허비하지 말라. 문제를 객관적으로 분석하면 항상 답이 보인다. 문제에 집중하지 말고, 해결책에 집중하라. 그런 다음 행동에 나서라.

―《생각하라 그리고 부자가 되어라》중

＊＊ 생각해 볼 점 ＊＊

'문제'가 생겼을 때 나는 상황에 대해
생각하지 않기로 했다. 대신 나는 처음에는
실현 가능성에 대해 걱정하지 않고
지속적으로 해결책이 될 만한 것들을 제시한다.
나는 내 창조적 일 처리 과정을
신뢰하는 법을 배웠다.

정말로 생각하면 부자가 될 수 있는가

계획과
술책

아드난과 직접 일한다는 목표에 도달하려면 이미 갖고 있는 것들을 사용해야 했다. 내 일 처리 과정 중 일부는 현재 가진 자산, 특히 인적 자원의 목록을 지속적으로 작성하는 것이다. 나는 자기가 실제로 무엇을 소유하고 있는지 파악하지 못하는 사람들을 너무 많이 만났다. 게다가 그들은 자기 인맥이나 성격상의 결함을 깨닫더라도 그 격차를 즉시 메우지 못했다. 우리는 '나한테 뭐가 부족한가?'가 아니라 '내가 전략적, 효율적으로 활용할 수 있는 것은 무엇인가?'를 자문해 보아야 한다.

나는 살면서 다양한 시기에 온갖 종류의 것들이 부족했지만, 《생각하라 그리고 부자가 되어라》의 정신으로 내가 갖지 못한 것에 대해 걱정하느라 소중한 시간을 허비하지 않았다. 군 수뇌부를 보면 종종 생각나듯, 우리는 지금 당장 실제로 보유하고 있는 자원으로 전투를 치러야 한다.

🔑 **자신의 진정한 자산 목록을 항상 점검하라. 그것이 그저 불타는 열망 하나뿐일지라도.**

아드난을 아는 사람들과 막강한 인맥을 구축하면서 나는 특별히 그와 친분이 두터운 네 사람과 이야기를 나누었다. 나는 그들에게 아드난의 위치를 알려 주면 매달 1만 달러를 주겠다고 제안했다. 그리고 그들의 신뢰를 저버리지 않겠다고 약속했는데, 나는 그 약속을 지금까지 지키고 있다(앞서 말한 내용을 다시 한번 강조하겠다. 내 접근 방식이 배신을 부추기는 것이라면 나는 성공하지 못할 것이다. 대신 이 경우, 내가 성공한 것은 다른 사람들이 내가 아드난의 믿을 만한 동지라고 생각했기 때문이었다. 다른 사람들이 내 믿음을 저버리지 않을 거라고 장담할 수는 없지만, 여러분이 사업적으로나 개인적으로 존경받는 삶을 살고 싶다면 평판이 흠 없이 온전해야 할 것이다).

아드난이 뉴욕을 떠나 어디로 갈지 알아낸 나는 파리의 르브리스톨 호텔(Hôtel Le Bristol)로 향했다. 나는 공항에서 바로 호텔로 가 총지배인을 만났다. 그리고 아드난이 투숙 절차를 밟는 걸 도우러 먼저 왔다고 자신 있게 말하고 그가 묵을 객실에 문제가 없는지 확인했다.

몇 시간 후, 아드난이 로비로 들어와 나를 보더니 깜짝 놀라 걸음을 멈췄다. 나는 긴장하지 않고 그에게 다가가 그의 취향에 맞게 모두 준비해 두었다고 말했다. 그는 아무 말도 하지 않았고 안내인을 따라 자기 방으로 그냥 가 버렸다.

정말로 생각하면 부자가 될 수 있는가

무엇이든 가치 있는 것을 이루는 데는 종종 여러 해가 걸린다. 하지만 지식만으로는 힘을 가질 수 없다. 지식은 긍정적 행동을 통해 적용될 때만 강력해진다. 성공한 사람들에 대한 여러 연구는 그들이 행동하는 쪽에 더 치우쳐 있음을 보여준다. 그들은 적절한 사실을 수집해 자신의 지식과 연관시키고 구현 계획을 세운 다음 실행에 옮긴다. 의심스러울 때는 행동을 너무 늦게 하는 것보다 곧바로 하는 것이 훨씬 더 낫다.

—《생각하라 그리고 부자가 되어라》중

** **생각해 볼 점** **
나는 신속하고 단호하게 행동했지만
충동적이라는 소리는 듣지 않았다. 대신
일이 되게 한다는 평판을 갖게 되었다.

쓸모 있지만
주제넘지는 않은

다음 행선지는 런던이었다. 나는 다시 런던으로 날아가 그가 묵을 호텔에서 모든 것을 준비했다. 그에게 무슨 일이든 필요하면 내게 말하라고 하면서 나는 계속 그런 식으로 해 나갔다. 그는 차츰 내 존재에 익숙해지기 시작했다. 나는 그를 지나치게 성가시게 하지 않으면서 내가 쓸모 있다는 걸 알릴 새로운 방법을 계속 찾아 나갔다.

나는 그가 어떤 호텔에 머물든 항상 두 번째로 좋은 객실을 예약했다. 나를 그의 고용인이 아니라 동등한 사람으로 인식시키기 위해서였다. 나는 1년 하고도 6개월 동안 그를 끈질기게 쫓아다녔다. 가진 돈이 완전히 바닥나 아메리칸 익스프레스 카드에 8만 5천 달러가 남을 때까지.

그런 상황이 다른 사람들에게는 엄청나게 가혹해 보였을지도 모른다. 하지만 나는 그것을 기회로 삼았다. "거래 하나만 성사시켜 보겠습니다. 그리고 제가 예상보다 거래를 더 잘하면 그때부터는 당신과 함께 일하게 해 주십시오. 그러지 못하면 저는 물러갈 겁니다. 그러면 저를 다시 보실 일 없으실 겁니다." 그는 잠시 생각해 보더니 내가 한동안

정말로 생각하면 부자가 될 수 있는가

곁에 머물며 애쓸 만큼 애썼다는 점을 인정했다. 그리고 내게 기회를 한 번 주기로 했다.

그는 성사시키려는 거래를 간략히 설명해 주었다. 나는 그 과제를 수락했다. 그의 곁에서 보낸 세월이 헛되지 않았다. 그는 계속 나를 가까이에서 지켜보며 알아 갔다. 나는 그 거래를 성사시키는 데 필요한 것 이상으로 준비되어 있었다.

거래는 그의 요구보다 더 훌륭하게 성사되었다. 그에게 좋은 인상을 남긴 것이다. 그날 이후 나는 계속 그의 편에서 전 세계를 누비며 여러 거래를 성사시켰다. 우리가 경험한 것과 성취한 것들은 책 12권을 채울 수 있을 정도였다. 하지만 나에게 있어 진정한 메시지는 특별한 삶으로 가는 길을 따라 특별한 목표를 성취하고 싶다면 절대 포기하지 말라는 것이었다.

조금만 더 참았거나 노력을 더 기울였다면 실패는 대부분 성공으로 뒤바뀌었을 수도 있다. 여러분에게 성공의 가능성이 내재해 있다면, 역경과 일시적인 패배는 여러분이 아주 높은 곳에 있는 성공에 이르기 위한 준비를 하는 데 도움이 될 뿐이다. 역경이 없다면 오래 지속될 성공에 너무나 필수적인 요소인 신뢰성과 충성심, 겸손, 인내라는 자질을 갖추지 못할 것이다. 많은 사람이 패배를 허락하지 않았기 때문에 패배의 문턱에서 빠져나와 엄청난 승리를 거머쥐었다. 퇴로가 모두 막혔을 때, 성공으로 가는 길을 얼마나 빨리 찾게 되는지 알면 깜짝 놀랄 것이다.

—《생각하라 그리고 부자가 되어라》중

∗∗ 생각해 볼 점 ∗∗
일단 가능한 '퇴로'들을 차단하기로 마음먹자,
다시는 그런 가능성에 대해 생각도 하지 않도록
나의 기본적 사고방식이 바뀌었다.

정말로 생각하면 부자가 될 수 있는가

LESSON 5

다시 배치하고
다시 균형 잡기

아드난과 보낸 7년 동안 나는 그저 복잡한 사업적 거래를 성사시키는 방법 이상의 것을 배웠다.

나는 또한 세상과 그 안에 살고 있는 사람들을 더 잘 이해할 수 있게 되었고, 다양한 경제적, 정치적 문화의 풍요로움도 경험했다. 그리고 내가 어떤 상황에 처하든 거기에 적응하는 법을 배웠고, 세계 무대에서 활동하는 게 무엇을 의미하는지 알게 됐다. 가장 중요한 것은 내 생각이 한 차원 높아지면서 완전히 새롭고 매우 효과적인 수준으로 발전했다는 것이다.

나는 아드난을 한 인간으로서 존경하지 않은 적이 없었다. 이제 그는 세상을 떠났고, 그의 인생과 사업에 대해 대단히 긍정적인 이야기들도 있지만 여러 가지 부정적인 이야기나 의견도 들린다. 나는 단지 그의 근본적인 진실성과 전반적으로 품위 있는 성격에 대한 믿음을 잃은 적이 없다고 말할 수 있을 뿐이다. 일단 세상을 떠나면 여러분은 자신에 관한 이야기를 더 이상 통제할 수 없다. 하지만 아드난은 오늘날까지 내 일상생활에 남아 영감을 주고 있다.

무엇이 중요한지
생각하기

아드난을 만나기 전에 나는 백만장자였음에도 불구하고 수십억 달러는 말할 것도 없고 1억 달러도 기껏해야 어렴풋이 감만 잡고 있을 뿐이었다. 아드난과 다른 여러 억만장자와 함께 시간을 보낸 후 그것은 일상적인 사고방식이 되었고, 현실이 되었으며, 내가 성취할 수 있는 것이 되었다. 30대 초반이 된 나는 매우 중요한 다음 걸음을 내디딜 준비가 되어 있었다.

의사들은 의학을 공부하고, 의학 저널을 읽고, 환자를

정말로 생각하면 부자가 될 수 있는가

돌보며, 최신 의학 발전에 대해 계속 공부하기 때문에 의사라고 할 수 있다. 그들은 대부분의 시간을 의사로서의 역할에 대해 생각한다. 그들은 어마어마한 부를 일구기 위한 새로운 사업 기회에 대해서는 굳이 생각할 필요가 없다.

엔지니어에서부터 법률가, 셰프에 이르는 모든 직업이 마찬가지다. 여러분은 정말로 자기가 대부분의 시간 동안 생각하는 모습이 된다. 그것이 내가 부를 일구겠다고 끊임없이 생각했던 이유다. 이 책에서는 이제까지 그런 습관을 분명히 보여 주었다. 또 다른 게 있다면, 열망이 여러분의 깨어 있는 생각을 소비해야 한다는 것이다. 그것을 다 써서 없애는 게 아니라 거기에 힘을 불어넣는 방식으로 말이다. 기회가 모습을 드러낼 때 내가 그것을 알아볼 수 있는 것처럼 여러분도 언제나 그와 같은 정신 상태를 유지해야 한다.

> 여러분은 자기 마음을 사로잡고 있는 생각보다 더 위대해지지 못할 것이다. 가장 많이 생각했던 것이 바로 여러분의 모습이 된다는 것이 사실이라면 여러분이 인생에서 거둘 성공의 양과 질은 여러분 생각의 크기와 정비례할 것이다. 사소한 문제들에 마음을 모두 뺏기고 있다면 여러분의

성과는 하찮은 것이 될 가능성이 크다. 중요한 일에 대해 생각하도록 스스로를 단련하라. 여러분이 속한 분야에서 일어나는 새로운 일과 세상에서 일어나는 일을 하나도 놓치지 말라. 어떤 문제에 대한 창의적인 해결책을 찾을 때마다 사용할 수 있는 좋은 아이디어를 모아 목록을 작성하라. 기억하라. 생각이 좁은 사람들은 상황에 대해 생각하고, 생각이 넓은 사람들은 아이디어에 대해 생각한다.

─《생각하라 그리고 부자가 되어라》 중

＊＊ 생각해 볼 점 ＊＊

나는 내 마음이 크고, 넓고,
강인해지길 바란 이후 늘
《생각하라 그리고 부자가 되어라》에 대해
깊이 생각한다.

정말로 생각하면 부자가 될 수 있는가

우리는 모두 잠재적으로 훌륭한 아이디어를 가지고 있지만, 실제로 성공한 사람과 그렇지 않은 사람을 구분 짓는 한 가지 자질은 '아이디어를 실행하거나 여러 기회를 활용하는 걸 주저하느냐 마느냐'다. 성공한 사람들은 몇 번이고 거듭해서 우유부단함이 자신을 무력하게 만들지 못하게 하고 그냥 행동에 나서는 사람들이다.

> 우리 모두에겐 적어도 멋진 아이디어 하나씩은 있다. 하지만 거기에 단호한 실천이 따르지 않는다면 아무 소용 없다.

우유부단함으로 인한 손실이 잘못된 결정으로 인한 손실보다 더 크다는 말은 다시 한번 언급할 가치가 있다. 나는 결정 하나하나를 두고 씨름하느라 기회를 놓치는 것보다 잘못되었더라도 결정을 먼저 하고 필요하면 그 방향을 바꾸거나 수정하는 것을 선호한다. 여러분이 특별한 인생을 살고자 하는 불타는 열망으로 자신을 무장한다면 옳지 않은 결정보다 옳은 결정을 훨씬 더 많이 내린다는 사실을 알게 될 것이다. 그리고 그러한 결정들은 여러분이 가치 있는 목표를 달성하는 데 필요한 동력이 된다.

'카쇼기의 사람'으로 불리는 것은 영광이었지만, 어느 시점이 되자 나는 마침내 혼자 해 나갈 만큼 충분히 배운 상태가 되었다. 이제 다음 단계를 향해 나갈 때가 된 것이다.

몇 년간 전 세계를 돌아다니고 나서 나는 로스앤젤레스를 본거지로 삼기로 했다. 로스앤젤레스는 내가 특별한 삶을 일구기 위해 찾은 가장 소중한 곳이었고, 지금도 그렇다. 열두 살에서 서른세 살까지 나는 성공의 한 단계에서 다음 단계로 이동하면서 거기에 극도로 집중했다. 이제 나는 연애는 말할 것도 없고, 일과 놀이 사이에서 인생의 균형을 다시 찾아야 할 때가 왔다고 생각했다.

제트기는
그냥 제트기가 아니다

나는 완전히 맞춤 설계된, 카쇼기의 전용기 중 하나인 DC-9에 처음 올랐던 때를 생생하게 기억한다. 그 비행기에 올랐을 때, 나는 언젠가 나도 이것과 아주 똑같은 비행기를

정말로 생각하면 부자가 될 수 있는가

갖게 될 것이라고 생각했다. 그리고 정말로 그것과 똑같은 비행기를 샀던 날, 나는 한 시간 동안 바깥에 서서 비행기를 그냥 바라보기만 했다.

나는 사람들이 기뻐서 환호하는 소리를 들은 적이 있었다. 하지만 내가 그런 건 처음이었다. 비행기는 그저 특별한 교통수단 이상이었다. 그것은 내가 지금까지 세웠던 목표를 얼마나 달성했는지 보여 주는 것이었다. 나는 비행기를 둘러보면서 내가 성취하기로 한 것을 정확히 성취했다는 사실을 깨달았다.

《생각하라 그리고 부자가 되어라》의 철학으로 보면 그 비행기는 마음에 무엇을 품든 그것을 성취할 수 있다는 사실을 극대화해 상징한 것이었다. 비행기가 친구들과 사업상의 지인들, 그리고 내게 커다란 기쁨을 가져다주긴 했지만, 아직도 나는 비행기를 소유하는 것이 주는 전략적 힘을 잊지 못한다.

여러분이 도시에서 시작해 국가나 국제무대로 진출할 예정이라면 여러분의 생활 모습이 바로 여러분이 어떤 종류의 거래를 중개할 수 있느냐를 보여 주는 것이 된다. 소비를 위한 소비는 없다. 여러분은 전략적 필요와 효율성에 유의해야 노동이 맺은 열매를 즐길 수 있다. 나는 물질적인 것을 소유하는 것에 좌지우지되지 않는다. 나중에 내가 재산을 다시 잃게 되었을 때 그랬던 것처럼 가진 것의 일부 또는 전부가 사라진 채 살아야 할 수도 있기 때문이다.

'할리우드'라는 놀이터

1994년 로스앤젤레스에서 나는 사업적 관점으로 공연예술에 접근했다. 나는 플레이보이 맨션(Playboy Mansion)의 단골 고객이자 할리우드의 사정에 밝은 사람이 될 터였다.

라미 님과 피에르 님께

라스베이거스에서 특별한 이틀을 보내 주셔서
감사합니다. 우리 모두 좋은 시간을 보냈습니다.

플레이보이 맨션 웨스트(Palyboy Mansion West)에서

정말로 생각하면 부자가 될 수 있는가

열리는 다음번 디스코 파티에 선생님을 초대합니다.

감사합니다.

휴 M. 헤프너

나이가 어렸던 나는 그 파티와 제트족의 호화로운 오락들을 모두 제대로 즐겼다. 의도했던 대로 나는 맨션의 단골 고객이 되었고, 할리우드에서 벌어지는 여러 일류 행사에 참석했다.

유명한 배우들은 쉴 새 없이 무언가를 해 달라고 조르는 사람들로 몸살을 앓았다. 좀 더 우아한 방식으로 할리우드에 입성하려면 무언가를 대놓고 요구하지 않는 사람으로 이름이 나야 했다. 그래서 나는 기부를 하거나, 행사를 주최하거나, 사람들을 라스베이거스나 전 세계 여러 곳으로 데려가 기억에 남는 여행을 하게 해 주는 사람이 되었다.

나는 경매에 참가해 반드시 경매품을 낙찰받은 다음, 대개 그것을 되돌려 줘서 자선 행사에 참석만 하는 사람이 아니라는 신선하고 중요한 명성을 쌓았다. 경매인에게 경매품이 경매 참가자들의 마음을 끌지 못하면 그냥 '라미 경매(Ramy Bid)'로 넘기라고 하는 것으로도 잘 알려졌다.

"아니오"를
"예"로 바꾸기

아드난과 몇 년을 보낸 후, 나는 존 그레이(John Gray)의 《화성에서 온 남자 금성에서 온 여자》를 우연히 접하게 되었는데, 그 책은 여성들을 더 잘 이해하고 그들과 소통하는 데 도움이 될 것 같다는 점에서 매우 인상적이었다. 그 책을 읽고 개인 세미나 표를 살 정도로 흥미를 느끼게 되었다.

나는 존의 순수한 천재성과 통찰에 완전히 매료되었다. 세미나가 끝나고 그에게 다가가 그를 홍보하고 그의 책과 가르침을 마케팅해서 새로운 수입원을 여러 개 만들고 싶다고 말했다. 존은 정중하고 단호하게 거절했다. 그는 많은 사람이 쉴 새 없이 연락해 온다며 그중에는 나보다 훨씬 더 일을 잘할 매우 노련한 사람들도 있다고 말했다. 특히 내가 이런 마케팅은 해 본 적이 없는 게 문제라는 이유를 댔다.

나는 존 부부를 저녁 만찬에 초대할 기회를 만들어 후식을 먹을 때쯤 그의 대리인이 되게 해 달라고 설득했다. 내 제안을 수락하기 전에, 그는 경쟁하고 있는 매우 훌륭한 유명 마케팅 회사들을 거론했다. 저녁 식사는 내가 끈질기게 아드난을 설득하던 과정의 축소판이었다. 그런 집요한 태도에, 나는 사람들의 삶을 바꿔놓는 존의 연구가 가진 힘에 대한 진정한 믿음을 더했다.

나는 그에게 어떻게 그의 시각을 바꾸거나 비틀어야 하는지 말하지 않았다. 대신 나는 그의 시각을 견지하면서 무슨 일이 벌어져도 끝내 포기하지 않을 거라며 그를 설득했다. 나는 단호했던 "아니오"를 "예"로 바꾸어 놓은 것이다.

⚷ "아니오" 뒤에 숨은 "예"를 찾아라.

나는 모든 "아니오" 뒤에는 항상 "예"가 숨어 있다는 사실을 발견했다. 《생각하라 그리고 부자가 되어라》에서 작은 승리들은 모두 커다란 승리를 거둘 수 있다는 확신을 준다고 조언했듯이, 나는 "아니오"를 "예"로 바꿀 때마다 다시 그렇게 할 수 있다는 확신이 더 커졌다. 그리고 여러분이 그 원칙들을 더 많이 시험해 보고 그것들이 어떻게 작용하는지 알게 되면 될수록 그것들이 매번 통할 거라는 확신이 더 커질 것이다.

"아니오"를 "예"로 바꾸는 것은 다른 사람을 제압하거나 부당하게 조종하는 것이 아니다. 《생각하라 그리고 부자가 되어라》에서 '마스터 마인드(Master Mind)'를 '확실한 목적을 달성하기 위한 두 사람 이상의 화합의 정신'과 동일시한 것처럼, 다른 사람의 최고 이익에 부합한다는 것을 분명히 보여 줄 때 여러분에게 강력한 설득력이 생긴다.

나는 그런 원칙들을 지난 40여 년 동안 하나하나 시험해 오고 있다. 그 원칙들은 나를 실망시킨 적이 없으며 이제는 내 마음에 완전히 녹아들어 있다.

한 아이디어의 기원

나는 존의 저서를 마케팅하기 위해 제네시스(Genesis) 미디어 그룹을 설립했다. 이 회사를 시작한 것은 앞으로 발굴할 모든 인물과 상품을 마케팅하기 위해서기도 했다. 내 목표는 제네시스를 10억 달러의 가치를 지닌 회사로 키우는 것이었다. 나는 또한 아드난과 사업 관계를 계속 이어 갔다. 그는 내 회사의 큰 투자자였다.

존을 성공시키기 위해 내가 가장 먼저 한 일은 그가 실

정말로 생각하면 부자가 될 수 있는가

시한 10여 차례의 세미나들을 연속해서 동영상으로 만들어 그런 동영상을 판매하는 인포머셜(해설식 광고-역주)을 새로 제작하는 것이었다. 인포머셜만으로도 수억 달러의 매출이 발생했으며, 그로 인해 책이 5천 만권 넘게 판매되기도 했다.《화성에서 온 남자 금성에서 온 여자》는 5년 동안 〈뉴욕 타임스〉 베스트셀러 1위에 머물며 당시《성경》다음으로 가장 많이 팔리는, 타의 추종을 불허하는 양장본 베스트셀러가 되었다.

존은 선견지명이 있었다. 그리고 나는 결국 더 크게 성공할 뿐 아니라 그의 아이디어가 우리 일상 속 문화의 일부가 되는 데 일조했다. 어떤 캠페인을 시도했는데 통하지 않으면 나는 그냥 조금의 이익도 취하지 않고서 될 때까지 캠페인을 수정했다. 존은 자기 목표에 집중하면서, 일을 하다보면 불가피하게 생길 수 밖에 없는 여러 가지 기복을 잘 참고 견뎌 냈다. 그리고 꼭 필요할 때마다 나에 대한 개인적 신뢰를 보여 주곤 했다.

존을 성공적으로 마케팅한 후, 나는 수익성 좋은 프로그램들을 연달아 새로 추가하고 회사를 '제네시스 인터미디어(GenesisIntermedia)'라는 이름으로 바꾸어 상장했다. 마케팅하는 제품뿐 아니라 확실한 마케팅 능력을 통해서도 수십억 달러짜리 회사가 될 수 있는 궤도에 오른 제네시스 인터미디어는, 다른 회사를 설립하거나 인수해 궁극적으로 독립 주식회사로서 분할할 수 있게 만들어 나가는 비즈니스 '인큐베이터'로 개편되었다.

투자자들은 겨우 2년 만에 주식 가치가 1,000%라는 기하급수적인 비율로 증가하는 보상을 받았다. 나는 최종적으로 제네시스 인터미디어의 시장 가치를 10억 달러까지 끌어올렸다.

LESSON 6

**아이칸과 함께
날아 오르다**

나의 새로운 모험들은 회사를 새로 시작하는 것뿐 아니라 잠재력이 큰 회사들을 인수하거나 개발하는 것과도 관련이 있었다.

나는 해체보다는 키우는 데 필요한 창의력에서 힘을 얻는 사람으로 이런 특성을 막대한 부를 일구는 데 사용했다.

🗝 여러분과 다른 사람이 만들어 나갈 수 있는 것에 집중하라.

규모를 키우기 위해 나는 전문 경영인이 될 만한 사람을 찾아 회사를 성공적으로 만들어 나갈 수 있도록 조언을 하고 도움을 주었다. 그리고 나는 계속 집중과 끈기에 가치를 두었다. 사업적 거래의 복잡한 면은 배우면 된다. 그래서 나는 성공한 인생을 살고 싶어 하는 불타는 열망, 그러니까 매일 분명하게 드러나는 열망을 가진 동료들을 가장 신뢰했다.

꺼지란다고
꺼지지 않기

많은 여행사가 한데 모인 복합 기업 글로벌 레저 트래블(Global Leisure Travel)을 인수한 뒤, 나는 억만장자 칼 아이칸(Carl Icahn)이 로이스트페어닷컴(LowestFare.com)이라는 회사를 공개한 방식에 대해 쓴 기사를 읽었다. 로이스트페어닷컴의 가치는 글로벌 레저 트래블과 거의 비슷했다. 그 사실에서 나는 중요한 기회를 바로 포착했다. 아이칸을 설득해 두 회사를 합병할 수 있다면 글로벌 레저 트래블에서 현금을 크게 벌어들일 수 있다는 것이었다.

나는 아이칸에게 접근할 방법을 고민하기 시작했다.

나는 그와 대화를 나눠 본 적도 없었고, 그를 건너 건너 아는 사람도 알지 못했다. 그는 대하기 아주 힘들고 까칠한 사람으로 악명이 높았다. 나는 당시 내가 알고 있는 내용을 목록으로 만들었다.

1. 당시 아이칸은 라스베이거스의 스트라토스피어 호텔 앤 카지노(Stratosphere Hotel and Casino) 인수에 참여했다.
2. 그는 자기가 산 호텔을 보려고 라스베이거스를 방문할 것이다.
3. 라스베이거스에 머무는 동안 그는 스타라토스피어 호텔보다 훨씬 더 호화로운 호텔에 머물 것이다.

당시 내가 라스베이거스에 올 때마다 자주 들러서 즐기기도 하고 사업도 했던 카지노가 있었는데, 나는 그곳의 단골 카지노 호스트들에게 그가 어디 머무는지 알려 주면 상당한 사례금을 주겠다고 제안했다.

그들 중 한 명으로부터 소식이 왔다. 아이칸이 라스베이거스 힐튼(Las Vegas Hilton)의 빌라를 예약했다는 것이다. 그곳은 우연히도 내가 머물기 좋아하는 호텔이었다. 나는 즉시 그의 빌라 바로 옆에 있는 빌라를 예약했다.

나는 아이칸과 같은 날 라스베이거스에 도착했다. 그 호스트가 자세히 알려 준 정보로 그가 7시경에 저녁을 먹을 것이라는 걸 알고 있었다. 그래서 나는 6시 30분에 그의 방문을 두드렸다. 그러자 아이칸은 문을 열고 큰소리로 욕설을 하면서 누구냐고 물었다.

나는 차분하고 기분 좋게 다음 사업을 함께 진행할 사람이라고 대답했다. 그러자 내가 더 말을 꺼내기도 전에 그는 나를 노려보며 자기는 저녁을 먹으러 가야 하니까 꺼지라고 했다. 나는 나도 안 먹었으니 마침 잘됐다고 말하며 내 데이트 상대(내가 그날 일부러 데려갔던)를 데리고 그를 엘리베이터까지 따라갔다.

로비로 내려가는 동안 그는 나를 미쳤다고 하려고 잠시 쉰 것을 제외하고는 쉴 새 없이 욕설을 중얼거렸다. 호텔 밖으로 나와서 나는 데이트 상대와 황급히 달려 그보다 먼저 그의 리무진으로 뛰어들었다. 리무진을 타고 가면서 그는 우리에게 계속 욕을 했는데, 식당으로 가면서도 그리고 심지어 자리를 잡고 앉은 후에도 멈추지 않았다. 나는 그가 욕을 하며 분명히 화를 내면서도 그날 저녁 일이 어떻게 돌아갈지 보고 싶어 하는 듯한 느낌이 들었다. 그리고 계속 미

　　　　　　　　정말로 생각하면 부자가 될 수 있는가

소를 잃지 않았다.

나중에 그와 함께 일하면서 알게 된 사실은 그가 협박해서 바로 포기하지 않은 사람은 내가 거의 유일하다는 것이다. 후식이 나오자 그제야 그는 욕설을 멈추고 그나마 약간의 호기심을 보였다. 나는 그에게 그의 전세기보다 더 크고 호화로운 내 비행기로 돌아가자고 했지만, 아니나 다를까 아이칸은 내 비행기에 관심이 없다고 말했다.

저녁 식사가 끝나고 우리는 차를 타고 곧장 공항으로 가 내 비행기 앞에 주차했다(나는 운전사에게 몰래 돈을 주고 우리를 바로 거기로 데려다 달라고 해 두었다). 아이칸은 약간 투덜거리더니, "한 번 보지 뭐."라며 비행기를 둘러보겠다고 했다. 그리고 비행기를 다 둘러보고는 멋진 비행기라고 인정하며, 이런 비행기쯤은 수천 대도 살 수 있지만 아직은 별로 타고 싶지 않을 뿐이라고 강조했다. 우리는 차를 타고 다시 호텔로 돌아왔다.

아이칸은 떠나는 날 공항에 도착해 자신의 전세기에 타려고 기다리고 있었는데 공교롭게도 그의 비행기가 예정대로 도착하지 않았다. 나는 호텔을 일찍 나와 비행기에 연료를 넣고 출발 준비를 마친 상태였다. 그래서 그냥 아이칸에게 다가가 태워 주겠다고 했다. 그는 으레 좀 투덜거리다가 내 제안을 수락했다.

우리는 그 후 6시간 반가량 이야기를 나누었다. 아이칸은 자신이 사는 곳과 일하는 방식 등 시시콜콜한 것까지 내게 말해 주었다. 비행기가 착륙하자 그는 예상대로 이렇게 말했다. "꺼지시오. 다시는 당신을 보고 싶지 않소." 나는 웃고 말았다.

🔑 **대화는 항상 서로의 비전에 대해 알게 되고 거기에 맞춰 서로 조정할 수 있는 기회다.**

추격은
계속된다

칼(카쇼기와 그랬던 것처럼 나는 그의 동료이지 고용인이 아니었다)은 햄프톤스(Hamptons)에 있는 그의 거주지 중 하나를 찾을 수 있을 만큼 충분한 정보를 주었다. 나는 어느 금요일, 그의 집으로 출발해 아침 7시에 집 앞에 도착했다. 그리고

정말로 생각하면 부자가 될 수 있는가

그의 집 도우미에게 칼의 손님이라고 나를 소개하고 내 방을 보여 줄 수 있는지 물었다.

몇 분 동안 방에 머무는 척한 후, 나는 방을 나와 야외 파티오에 아침상이 차려진 걸 보았다. 나는 거기서 커피를 한 잔 마시며 그를 기다렸다. 칼은 평상시대로 아침을 먹으러 아래층으로 내려왔다. 그리고 나를 보자 경찰을 부르겠다고 고함을 쳤다. 나는 조용히 앉아 잠시 미소를 지은 다음 그에게 진정하라고 하면서 경찰에 전화를 걸지 않을 걸 안다고 말했다. 그리고 커피나 한잔하라고 권했다.

칼은 마침내 진정하고 앉아서 커피를 마셨다. 나는 주말 내내 그와 함께 지내고 뉴욕까지 따라갔다가 그다음 주말에 그와 함께 돌아왔다. 그동안 그는 줄곧 내게 꺼지라고 했다. 그래서 나는 그의 곁에 머물 수 있는 획기적인 방법을 찾아내려고 계속 고민했다.

그 후 2년간 우리는 제네시스 인터미디어에 대한 1억 달러 규모의 한도대출설정 등 많은 거래를 성사시켰다.

내가 망하기를
바라는 이들

주식을 공개한 회사는 주식 공매도를 통해 회사의 가치 하락에 투자하는 투자자들의 표적이 되기도 한다.

여러분이 한 회사에 투자하면, 불가피하게도 여러분은 공매도자들을 여러분이 망하기를 바라면서 여러분이 안되는 쪽에 직접 투자하는 사람들로 보게 된다.

내가 제네시스 인터미디어의 가치를 높이자 공매도 쪽에 특이하게 많은 매매 약정이 집중되는 게 보였다. 거의 7백만 주였다. 공매도는 그저 하나의 투자 환경일 뿐이지만, 이번 건은 직접적인 공격 신호처럼 보여서 내 모든 신경이 곤두섰다. 나는 내가 안 좋아지는 쪽에 내기를 거는 사람들을 좋아하지 않는다. 그래서 그런 사람들이 결국엔 진다는 걸 증명해 왔다.

공매도자들과
전투하기

나는 공매자들과 전투를 치르겠다는 것뿐 아니라 그들을 물리치겠다는 분명하고 불타는 열망을 가졌다. 공매도자들이 의도적으로 주식 가치를 떨어뜨리려고 하는 것 같았기 때문이다. 그리고 그렇게 하면 내 투자자들과 지인들에게 손해가 갈 상황이었다. 마침내 나는 공매도자들 일부가 사용하는 비윤리적 전술에 대해 알아냈다.

직면한 문제에 대해 스스로를 교육하라.

나는 공매도자들이 따르는 매커니즘과 법규에 대해 가능한 모든 것을 배우기 시작했다. 합법적으로 어떤 주식을 공매도하려면 먼저, 중개회사 같은 누군가로부터 그 주식을 빌려야 한다. 일단 주식을 빌리면 그 주식들을 공매도할 수 있다. 공매도자들의 일반적인 계획은 더 낮은 가격에 그 주식을 다시 사들이는 것이다.

내 계획은 간단했다. 공매도자들의 주식 차입 능력을 차단하는 것이었다. 나는 넓은 인맥을 활용해 아는 사람들에게 공매도에 대해 알려 주고 주식을 믿는 사람들에게 더 많이 사도록 요청했다. 하지만 이때 나는 주식을 산 사람들에게 산 주식을 현금 계좌에 넣거나 물리적 형태로 바꿔 대여할 수 있는 계좌에서 그 주식을 빼 달라고 했다. 그러면 공매도자들이 매도 포지션을 더 많이 잡는 데 어려움을 겪을 것이었다.

하지만 공매도 약정은 계속 늘어났다. 나는 공매도자들이 주식을 빌리려고 하지도 않은 채 불법으로 주식을 매도하기 시작했다는 것을 알게 되었다. 그들은 그냥 계속 공매도를 하고 있었다.

아드난을 비롯한 몇몇 사람들은 우리가 가용 주식의 140%를 소유할 때까지 계속 주식을 사들였다(한 회사의 주식을 살 수 있는 것보다 더 많이 소유한다는 게 이상하게 들릴 수도 있지만, 사람들이 자기가 소유하지 않은 주식을 팔 때 이러한 상황이 발생한다). 주식이 초과 판매되었다는 사실을 알게 된 나는 주식 인도를 요청하기 시작했다. 법적으로 주식은 3일 내에 인도되어야 한다.

공매도자들은 주식이 없었기 때문에 주식을 계속 인도할 수 없었다. 누군가 주식을 인도하지 못하면 판매를 시작한 중개회사가 책임을 지게 된다. 중개회사는 3일마다 오픈

마켓에 들어가 마지막 30분 안에 살 수 있는 주식이면 무엇이든 사들여야 한다. 주가가 오르는 걸 원치 않는 공매도자들은 그 매수세에 되팔아서 주가가 계속 오르는 동안 공매도 포지션에 점점 더 깊이 빠지게 될 것이다.

공매도자들은 내 주식을 매도하면서 수억 달러를 잃고 절망했다. 그들은 내 평판에 흠집을 내려 했고, 심지어 목숨을 위협하기도 했다. 그들은 마지막 몸부림으로 증권 거래위원회(SEC)에 불만을 계속 제기해 정부가 조사를 시작하도록 했다. 공매도자들은 내가 어쩔 수 없이 조사를 받는다는 사실을 공시해 주가가 떨어지기를 바랐던 것이다.

전투를 치르다

그 전투는 그때까지 내 인생 최대의 도전이 되었다. 거기서 지면 100년 동안 감옥에 있어야 했다. 투자자들과 지인들에게 오랜시간 힘들게 쌓아 올린 평판을 무너뜨리지 않는 것도 그에 못지않게 중요했다.

　나는 《생각하라 그리고 부자가 되어라》의 교훈을 적용해 가며 수년간 모은 재원을 모두 동원해 공매도자들과 전투를 치렀다. 하지만 그때 내가 전혀 생각지도 못한 일이 일어났다. 바로 911테러였다. 물론 그 어떤 것도 희생자와 그 가족들이 겪었던 고통과 비교할 수 없다. 하지만 공포로 인한 주가 폭락에 따른 2주간의 주식 시장 폐쇄는 공매도자들을 대담하게 만드는 부작용을 낳았다.

　내 주식도 폭락했다. 하지만 나는 이름이 아랍식이라는 점에서 다른 이들과 상황이 달랐다. 내 이름이 의심을 불러일으킨 것이다. 그리고 아드난 카쇼기, 타블로이드 잡지에 의하면 사우디의 무기 판매상이었던 그가 회사 지분의 40%를 소유하고 있었다. 우리는 즉시 정부의 표적이 되었다(나는 나중에 공매도자들이 당시 벌어진 일에 어느 정도까지 개입했는지 알게 되었다). 주식은 거래 중지되었고, 나는 하루아침에 모든 것을 잃었다.

7년
전쟁

그로부터 7년 동안 나는 완전히 사실무근의 거짓 혐의로 나를 기소하려는 미국 정부와 싸워야 했다. 절대 포기하지 않는다는 기본 원칙이 없었더라면 그런 재판의 경우 98%가 정부의 승소라던 검사의 말대로 나는 감옥에 갔을 것이다.

정부는 내게 재판까지 가서 패소하고 100년 넘게 감옥에 가는 대신 죄를 인정하고 4년에서 7년까지 수감되는 거래를 여러 번 제안했다. 하지만 나는 그것들을 모두 거절했다. 무고한 사람들이 최악의 시나리오를 피하려고 그렇게 하기도 한다지만, 나는 《생각하라 그리고 부자가 되어라》의 원칙들에 따라 지금 내 인생의 가장 중요한 도전에서 이겨야겠다고 마음먹었다. 그것은 내 결백과 평판을 지키는 것이었다.

나는 자유를 잃을지도 모른다는 사실에 휘둘리지 않기로 했다. 그것은 《생각하라 그리고 부자가 되어라》가 우리에게 버리라고 경고한 그런 종류의 핑계였다. 나는 결백을 증명하고 단 한 번도 기소되는 일이 없도록 하겠다고 결심

정말로 생각하면 부자가 될 수 있는가

했다. 하지만 공매자들과 싸우느라 모든 자원을 써 버렸고 재산도 날렸기 때문에, 그것은 내가 악의적인 혐의들과 싸우면서 다시 한번 처음부터 시작해야 한다는 것을 의미했다. 그리고 내가 아무 근거 없는 부당한 주장들과 싸우는 데 들었던 비용은 무려 2천만 달러였다.

7년 동안 거의 매일 나는 변호사를 검찰에 보냈다. 거기서 그들은 여러 혐의를 면밀히 살펴 약점을 찾아냈다. 검사들은 한 가지 약점을 마지 못해 수긍하고 나서는 다른 이론을 밀어붙이며 대배심에서 기소되기를 바랐지만, 내 변호사들은 매번 정부의 주장을 위태롭게 할 치명적인 약점을 정확히 지적해 내곤 했다.

그러한 재판에선 피고인이나 잠재적 피고인에게 유리한 부분이 거의 없다. 정부는 위협적인 방식으로 권력을 행사할 수 있다. 예를 들어, 그들은 내 가까운 동료 코트니 스미스(Courtney Smith)를 기소했는데 그에게 '입장을 바꿔' 재판에 영향을 주게 할 목적이었다. 내 좋은 친구는 패소하면 40년 형을 받을 상황이었다. 하지만 그는 우리가 잘못된 일을 하지 않았다는 사실을 알고 있었기 때문에 거짓말을 하지 않으려 했다. 어쩌면 그렇게 혹독한 결과를 맞을 수 있는 상황에서도 말이다.

사법부와 증권 거래 위원회가 모두 관여한 기나긴 재판 끝에 그는 모든 혐의에서 무죄를 선고받았다. 정부는 나에게 사용하던 또 하나의 잠재적 무기를 잃었다.

🔑━━ **역경은 결코 영원하지 않다.**

후퇴를 예상하며
앞으로 나아가다

아무리 주의 깊게 어떤 주제를 공부해도, 아무리 합리적으로 결정을 내려도, 아무리 준비가 잘되어 있어도 가끔 실수를 하게 되고, 예상치 못한 사건이나 예측할 수 없는 사건이 벌어진다. 하지만 일시적 후퇴는 심지어 7년 동안이라도 영원한 실패가 아니다. 성공한 사람들은 성공을 거두려면 우리 모두 성과를 재평가하고 시정 조치를 취해야 하는 일시적 후퇴를 경험한다는 사실을 인정한다. 그들은 역경이 결코 영원하지 않다는 것을 안다.

정말로 생각하면 부자가 될 수 있는가

정신은 지금까지 발명된 어떤 것보다도 강력한 무기로 외부의 힘에 의해 완전히 통제되거나 억제될 수 없다. 처음에 그 힘이 아무리 가치 없어 보일지라도 말이다. 역사를 통틀어 독재자들은 자신을 반대하는 사람들을 통제하려고 애썼지만 결국엔 상상의 힘이 칼의 위협보다 훨씬 더 크다는 사실을 깨닫고 말았다. 빅토르 위고(Victor Hugo)가 말했듯이, "군대의 침략에는 저항할 수 있지만 어떤 시대정신이 도래하면 그럴 수 없다."

비록 내가 상상력에 대해 직접 논의하지는 않았지만, 나는 《생각하라 그리고 부자가 되어라》에서 '마음의 작업실'이라고 부른 것을 사용해 상상력이 마음껏 뛰놀게 할 수 있을 때 특별한 삶을 일굴 가능성을 볼 수 있었다. 이후 잠시 그런 상상력에 재갈이 물렸을 때 나는 스스로 정했던 길을 벗어나 표류하게 되었다.

나를 그 예로 삼으라. 어떤 폭군이나 부정적인 영향이 여러분을 통제하게 두지 말라. 여러분은 고통이나 실망감, 분노로 인해 창조적인 상상력이 사라지게 두지 않고, 그 어떤 가혹한 상황에서도 가치 있는 무언가를 배울 수 있다.

🗝️━━ 만약 자기 마음을 통제할 수 있다면 결코 다른 사람의 마음에 좌지우지되지 않을 것이다.

절대
포기하지 않기

내 변호사들이 FBI 증인 심문 기록을 확보해 봤더니 그 중 많은 기록에 누가 봐도 모순된 내용이 있었다. 그래서 변호사들은 검찰에 증인들을 다시 심문해 달라고 설득했다. 그러고 보니 새로운 진술에는 모순된 내용이 훨씬 더 많았다.

뭔가 잘 안 될 것 같다는 생각이 든 검찰은 마지막 노력으로 최종 거래를 제안했다. 그것은 잘못을 인정하고 감옥에서 4년만 살든지 아니면 계속 버티다 패소해서 100년간 살든지였다.

나는 아무 잘못도 하지 않았기 때문에 거절했다. 그 거래는 화요일에 제안되었다. 그래서 목요일에 변호사가 전화를 걸었을 때 나는 기소되었다고 확신했다. 하지만 변호

정말로 생각하면 부자가 될 수 있는가

사들은 검찰청으로부터 불기소 처분될 거라는 문서를 받았다(내 변호사 중 한 사람은 변호사 생활을 하는 동안 딱 한 번 그런 문서를 보았다고 했다). 나는 변호사들에게 그 문서를 다섯 번 반복해서 읽어 달라고 했다. 분명히 검사들은 그들의 사건이 근거 없는 것이라는 걸 알았던 것이다.

7년 만에 그 전투에서 이겼다. 정부가 최종적으로 패배를 인정하게 된 동기가 정확히 무엇인지 알아내지는 못했지만. 나는 공매도 집단이 증권 거래 위원회에 내가 다양한 형태의 사기 사건에 연루되어 있다고 신고하려고 FBI를 매수했을 때인 911 이전에 그 사건을 시작했다는 사실을 알게 되었다. 결국 거기에 연루된 FBI 요원 세 명이 그런 혐의로 기소되었고, 그중 두 명은 공매도자 한 명과 함께 감옥에 갔다(내가 앞서 죽음의 위협을 느꼈다고 했던 게 괜한 말이 아니었다).

🔑 싸우는 걸 그만두지 않기로 한 사람만 항상 승리할 수 있다.

뉴스는 언제나 이 부끄러운 사건의 결과가 아니라 내가 증권 거래 위원회에 의해 고소당했다는 사실에만 초점을 맞췄다. 인터넷 때문에 쉽게 퍼지는 그런 부정적인 언론

기사가 성공하지 못한 핑계가 될 수도 있었다. 이 기간과 그 이후, 많은 사람이 나와 거래를 하려 하지 않았다. 하지만 나는 조금도 겁에 질리지 않았다. 나는 계속 자신 있게 모든 사람에게 다가가 그들이 읽은 것을 의심해 보라고 설득했다.

> 패배할 거라고 생각하면 패배하고, 감히 내가 어떻게 하겠어라고 생각하면 시도도 못 할 것이다. 이기고 싶지만 그럴 수 없다고 생각하면 십중팔구 이기지 못한다. 질 거라고 생각하면 진다. 우리가 세상에서 알게 된 것은 한 사람의 의지에서 성공이 시작된다는 것이다. 모두 마음먹기에 달렸다. 자신이 압도적인 능력을 지녔다고 생각하면 그렇게 될 것이고, 높은 곳까지 올라갈 거라고 생각하면 그렇게 될 것이다. 보상을 받기 전에 먼저 자신에 대한 확신부터 가져야 한다. 삶에서 벌어지는 전투는 늘 더 강하거나 더 꾀바른 사람에게만 유리한 것은 아니다. 누구든 결국 이기는 사람은 바로 이길 수 있다고 생각한 사람이다! (월터 D, 윈틀(Walter D. Wintle)의 시에서)
>
> —《생각하라 그리고 부자가 되어라》 중

정말로 생각하면 부자가 될 수 있는가

✳✳ **생각해 볼 점** ✳✳

《생각하라 그리고 부자가 되어라》에서 경고한
부정적인 사고방식으로 빠져들기 시작할 때,
나는 행동을 취해야 한다는 걸 알았다.
그러지 않는다면 미래에 치를 전투에서
패배할 것이다.

정부와 매일 지루한 전투를 치르면서 육체적, 심리적
부담이 심했지만 거래를 성사시키고 굳건한 신뢰를 쌓아
나갔다. 나는 180억 달러에 유니버설 스튜디오를 인수하겠
다고 제안했다. 그러고 나서 기업가 마빈 데이비스(Marvin
Davis)를 핵심투자자로 정하고 스파고스(Spago's)에서 그에
게 접근했다. 그런 다음 나는 여러 투자자와 은행으로부터
140억 달러를 더 끌어모았다(데이비스가 내 등 뒤에서 혼자 거래
를 성사시키고 언론에 선수 치는 바람에 그 거래는 전부 물거품이 되고
말았다. 그리고 거래는 결국 NBC에 넘어갔다).

다른 프로젝트들로는 300개의 카페테리아 체인을 보
유한 피카딜리(Piccadilly)(내가 집이 없어서 길거리에서 생활하던
때 밥을 먹었던 바로 그 식당)와 항공사인 알로하(Aloha), 그리고
에라(Era)(알래스카(Alaska) 기반) 등이 있었다.

계속되는 법적 다툼 때문에 나는 뒤에 물러나 있어야 했다. 그래서 투자자들과 인수한 회사들을 통제할 수 없었다. 대신 나는 다른 사람들이 일상적인 경영상의 결정을 내리도록 했다. 불행히도 아무리 뛰어난 억만장자라도 책임자들이 다 같은 성공의 원칙들을 공유하지 못했다. 그래서 피카딜리와 알로하는 파산 신청을 했고, 에라는 아무런 이득도 보지 못한 채 매각되었다.

이때 내게 새롭게 생긴 신조는 '내가 시작부터 관여할 수 없는 사업에 다시는 손대지 않는 것'이었다. 나는 《생각하라 그리고 부자가 되어라》의 중요한 주제인 리더십을 찾아내고 육성하는 방법을 이해하게 되었다. 그래서 내가 다른 사람에게 경영을 맡겨야 한다면, 그는 반드시 성공하려는 성격을 가진 사람이어야 했다.

실패는 모두 일시적이다.

정말로 생각하면 부자가 될 수 있는가

현실에 기반을 둔
상상력

나는 이제 다시 완전히 파산한 상태에서 부를 일굴 방법을 찾아야 했다. 정부와 전투를 치르는 동안 정신과 의사는 계속되는 스트레스를 이기려면 항우울제를 복용하는 것이 좋겠다고 했다. 그것이 내가 그 상황을 잘 헤쳐 나갈 수 있는 유일한 방법이라는 것이었다.

점점 생각하는 게 느려졌다. 새로운 프로젝트를 구상하는 능력, 그러니까 내게는 숨 쉬는 것만큼이나 당연했던 그 능력이 졸지에 사라져 버렸다. 나는 내 정신력의 극히 일부분만 사용하고 있었다. 마치 다시 빠져나올 길을 찾을 수 없는 깊은 수렁에 빠진 것 같았다.

나는 약물이 만든 악순환에 갇혀 버린 것 같았다. 그리고 심지어 그것이 너무나 그럴듯한 핑계로 보였기 때문에 뭔가를 할 가능성이라는 것이 현실과 먼 얘기라고 여기기까지 하는 것 같았다. 정신과 의사에 따르면 약을 멈추거나 갑자기 중단하면 위험했다. 특히 자살 충동을 포함해 신체적, 정신적 부작용이 너무 심각했다.

그는 점차 줄이는 방법을 추천하긴 했지만, 어쨌거나

내가 약을 중단할 준비가 되어 있다고는 전혀 생각지 않았다. 나는 53세인 데다가 파산했으며, 처방 약을 매일 먹어야 했고, 앞으로 무엇을 해야 할지조차 모르고 있었다.

> 생각이 선행되지 않으면 아무런 행동도 취할 수 없다. 자신이 처한 환경이 만족스럽지 않으면, 틀림없이 생각의 힘을 통해 상황을 개선할 수 있다. 부정적인 사고가 긍정적인 삶을 파괴할 수 있는 것과 마찬가지로 말이다. 성공은 자신의 현 상황을 정직하게 분석하고, 자신의 삶을 책임지고, 원하는 것을 성취하기 위해 할 수 있는 계획을 세우는 것으로 시작한다.
>
> —《생각하라 그리고 부자가 되어라》 중

✽✽ 생각해 볼 점 ✽✽
나는 내 정신 상태를 있는 그대로 평가해야 했다.
그 결과가 좋든 싫든. 내 미래를 책임질 사람은
오직 나뿐이었다.

정말로 생각하면 부자가 될 수 있는가

LESSON 8

바닥을
치다

2015년에 나는 완전히 바닥을 쳤다.

우리는 삶의 기복에 대해 생각한다. 하지만 이 해는 나를 삼켜 버리려고 입을 쩍 벌리고 있는, 바닥이 보이지 않는 구덩이 같은 해였다.

나는 여전히 처방 약에 의지해 재정적으로나 육체적으로 고군분투하고 있었다. 아마도 정신력은 5% 정도 사용하고 있었던 것 같다. 인지력이 너무 흐려진 나머지 내 능력이 줄어들었다는 생각조차 못 하고 있었다. 그것이 새로운 정상 상태가 된 것이다. 그리고 이 새로운 정상 상태에서 나는 더 훌륭한 것을 준비하는 것은 고사하고, 다음 성공적인 사업을 위한 강력한 아이디어도, 잃었던 것을 되찾을 명확한 전략도 없었다.

그래도 내겐 내 마음이나 내 길에 들어온 것이면 무엇이든 해 보는, 확실히 몸에 밴 습관이 있었다. 나는 몇몇 대단치 않은 기업을 시작해 봤는데, 모두 얼마 안 가 망했다. 그러다 성장 가능성이 분명해 보이는 서비오(Xerveo)라는 회사를 알게 되었다. 정신 상태가 최상은 아니었지만, 나는 그 회사를 인수하려고 1백만 달러를 어렵게 끌어모았다. 그리고 석 달 후 회사의 매출을 세 배로 만들었다. 나는 이렇게 생각했다. 드디어 내가 다시 제 길로 돌아왔구나.

통제권을
잃다

그 사업이 확실히 성공하는 것을 본 서비오의 주요 투자자들은 완전한 통제권을 가지려고 적극적으로 나섰다. 그 와중에 정신과 주치의(나중에 그는 어쩌다 의사 면허를 잃었다)는 내가 계속 거부하는데도 약의 복용량을 계속 늘렸다. 약이 더욱더 깊은 우울감과 희망이 없다는 느낌으로 나를

정말로 생각하면 부자가 될 수 있는가

빠뜨리면서 악순환이 계속되었다. 구덩이가 점점 더 넓어지고 있었다.

나는 유동성이 없었다. 그 회사에서 즉시 모든 돈을 뺄 수 없었던 것이다. 그리고 계속 주요 투자자들과 다툼을 벌였다. 나는 덫에 걸렸다. 그게 아니더라도 그렇게 믿었다. 12시에 길거리에서 잠을 자던 때나 나를 100년 동안 감옥에 처넣으려 했던 정부와 전투를 치르던 때보다 상황이 훨씬 더 나빴다.

그해에는 전혀 잠을 잘 수 없는 날이 많았다. 특히 고통이 심했던 어느 날, 나는 수면제를 과다복용하고 결국 구급차에 실려 갔다. 세다 시나이(Cedar Sinai) 병원에 입원한 후, 나는 20분 동안 심전도 그래프가 수평이 되어 공식적으로 죽은 상태가 되었다. 마지막 의식을 치르기 위해 목사님이 오시기까지 했다.

죽음, 삶, 그리고
온전한 정신

다행히도 의료진은 사망 선고를 하지 않고 나를 살리려 애썼고, 그로부터 3주 후 나는 회복했다. 세다 시나이 병원에서는 수면제 과다복용을 자살 시도로 보고 관찰을 위해 나를 정신 병원으로 보냈다. 내가 그런 곳에서 시간을 보낸 게 그때뿐은 아니었다.

그 당시 많은 친구와 지인들은 내가 다시 성공할 가능성이 크지 않다고 생각했다. 나는 정신적, 육체적 능력을 온전히 발휘하지 못하도록 하는 정신과 약을 먹고 있는 한 그들이 옳다고 생각했다(하지만 모두 그런 건 아니었다. 몇 안 되는 사람들은 내가 결국엔 성공할 거라는 사실을 믿어 의심치 않았다. 온갖 고통이 괴롭히는 이런 비참한 경험조차도 신뢰의 진정한 의미가 무엇인지 분명히 아는 데 도움이 되었다).

한 가지 해결책이 있었다. 길게 말할 것도, 어떤 대비책도 없이 완전히 약을 끊는 것이었다. 내 경우 그것은 3개월간의 금단의 시기를 의미했다. 그 기간을 외부에서 보면, 나는 전에 내가 탐파 길거리에서 그렇게 여러 해 동안 마주쳤던 정신질환자들과 다를 바 없었다. 그들처럼 나는 한

동안 집도 없이 꾀죄죄한 차림으로, 때로는 두서없이 중얼거리거나 잘못하면 나 자신을 위험에 빠뜨릴 수 있는 말투로 말하면서 길거리를 배회했다. 여러 번 몸을 다치기도 했다.

나는 정부 관계자들에 의해 체포되어 안전을 위해 보호 시설에 수용되었다. 이런 일이 두 번 있었다.

우리의 강점은 약점에서 생겨난다고 왈도 에머슨(Ralph Waldo Emerson)이 말했다. "우리가 괴롭힘을 당하고, 기분이 상하고, 완전히 망가졌을 때야 비로소 비밀의 힘으로 무장한 분노가 눈을 뜬다." 갈등과 투쟁은 역경을 극복하고 진정한 성공으로 나아가도록 여러분을 고취할 수 있다. 모든 투쟁을 개인적 성장의 기회로 보라. 성격을 형성하는 것은 투쟁 그 자체지 그 결과가 아니다. 자신이 옳다고 생각한다면, 온 세상이 여러분을 반대하고 아는 사람들 모두 여러분의 판단에 의문을 제기하더라도 그 길을 고수하라. 여러분이 해내면 (그리고 그 일에 계속 매달리면 여러분은 결국 해낼 것이다) 그들은 줄곧 여러분이 할 수 있을 거라고 생각했다고 말할 것이다.

—《생각하라 그리고 부자가 되어라》중

✳ 생각해 볼 점 ✳

살면서 나는 다른 사람들이
내가 성공 못 할 것 같다고 말하는 걸
여러 번 들었다. 나는 그들이 틀렸다는 것을
알았다. 그래서 나는 그들의 생각을 두고
논쟁할 필요가 없다고 느꼈다. 그 대신
나는 그냥 앞으로 나아가《생각하라 그리고
부자가 되어라》의 원칙들을 어떻게
적용하는지 몸소 보여주었다.

내가 마침내 약물에서 벗어났다고 느꼈던 마지막 시설
입소 시절에 빛이 보이기 시작하더니 구덩이가 사라졌다.
나는 다시 나 자신이 되었다. 사실 나는 메모를 하고 마구 솟
아나는 새로운 비즈니스 아이디어를 대충이라도 적어 놓으
려고 태블릿과 종이를 달라고 했다. 들떠서 그런 게 아니다.
그냥 이전의 내 모습으로 돌아온 것뿐이었다. 인생의 이 시

정말로 생각하면 부자가 될 수 있는가

점에서 내가 있어야 할 곳으로 가야 한다는 바람이 더해지긴 했지만.

이때 그 주요 투자자들은 줄곧 내 힘을 완전히 누를 방법을 찾고 있었다. 심지어 나를 더 오랫동안 다시 감금해 둘 궁리까지 했다. 하지만 나는 다시 정신이 명료해졌다. 그래서 내 정신이 매우 온전하다고 담당 판사를 설득했다. 이때 내겐 다시 온전해진 정신 외에 금전적 자원은 없었다. 하지만 그 정도면 성공을 향한 나의 불타는 열망에 불을 붙이기 충분했다.

지구에서 잠깐 사는 동안 우리 대부분은 위대한 통찰력이 번뜩이는 순간, 즉 우리 삶의 방향을 바꿔 놓을 진실을 알게 되는 위대한 순간을 가끔 경험한다. 그러한 경험의 대부분은 놀라운 성공의 결과가 아니라 엄청난 실패의 결과다. 우리가 가장 지속적인 교훈을 배우는 것은 우리를 아주 분하게 하고 실망시킨 실패로부터다. 위대한 진실의 순간을 어쩔 수 없이 겪어야 할 때, 유용한 교훈은 배우고 전체 이야기는 잊어버려라. 실패에서 배우고, 실패는 잊어버리고, 더 나은 것을 향해 나아가라.

—《생각하라 그리고 부자가 되어라》중

✱✱ **생각해 볼 점** ✱✱
나는 끔찍한 경험이 진정한 보답을 한다는
사실을 알게 되었다. 나는 그런 경험을
하지 않았다면 나를 피해 갔을지도 모를
새로운 차원의 창조적 에너지를
발견하곤 했다.

우리는 모두 위대해지거나 실패할 가능성을 우리 안에 갖고 있다. 두 가지 가능성 모두 우리 성격의 타고난 부분이다. 우리가 별에 도달할지 아니면 깊은 절망에 빠질지는 우리가 자신의 긍정적이고 부정적인 잠재성을 어떻게 다스리느냐에 크게 달렸다. 장점을 그대로 두면 걷잡을 수 없게 될 것 같지는 않다. 불행히도 단점은 그렇게 될 게 확실하다. 단점은 방치해 두면 여러분의 좋은 자질을 결국 질식시켜 버릴 때까지 기하급수적으로 늘어날

것이다. 단점을 다스리는 가장 확실한 방법은 단
점이 드러나는 순간 공격하는 것이다.

—《생각하라 그리고 부자가 되어라》 중

* * **생각해 볼 점** * *

나와 함께 시간을 보낸 사람이라면
내 성격이 분명히 보인다. 나는 나쁜 버릇이
정착할 틈을 주지 않는다.

LESSON 9

'불가능한'
귀환

2016년 1월, 나는 55세에 파산한 상태였다. 하지만 특별한 삶을 사는 데 반드시 필요한 막대한 부를 일구겠다는 목표에 다시 집중하고 있었다.

하지만 이전에 알던 그 많은 사람이 이제 거의 다 사라지고 없었다. 그들은 내게 투자하기를 꺼렸다. 나는 나를 잘 아는 사람들뿐 아니라, 특히 과거에 내가 꾸준히 도와주었던 사람들을 중심으로 투자할 만한 사람들을 하나하나 찾아다녔다. 하지만 문전박대를 당하거나 무시당했다. 그들은 내가 재기불능이라고 생각하는 듯했다.

실낱같은 희망을 주는 예외가 하나 있었다. 수년 동안 내 삶의 일부였던 친구 존 그레이였다. 그는 항상 나를 믿어주었고, 그 긴 싸움에 집중하면서 경제적인 부침을 기꺼이 이겨 냈다. 그는 연민 어린 행동에 대해 글을 쓰기만 하는 사람이 아니었다. 스스로도 그렇게 살았다.

존은 내가 재기할 수 있도록 주저 없이 1만 달러를 건네며 아무 조건도 달지 않았다. 나는 살면서 여러 차례 그런 금액의 돈을 가져 봤지만, 존의 도움은 오늘도 기억이 생생하다. 《생각하라 그리고 부자가 되어라》에는 1백만 달러를 모으는 작업을 둘러싼 이야기가 나온다. 그 1만 달러는 내게 1백만 달러와 다름없었다. 나는 그 돈을 가지고 더 큰 것을 이룰 수 있었다.

확고한 목적이 돈을 쓰는 방식을 결정한다. 돈 하나 때문에 여러분의 목적이 변해서는 안 된다.

돈을
쓰는 법

나와 같은 처지에 있는 사람들 대부분에게 있어 1만 달러면 생활비를 댈 직업을 구하는 동안 살 집을 빌리는 데 충분한 돈이었다. 그리고 나도 막 그렇게 할 참이었다. 하지만 나는 《생각하라 그리고 부자가 되어라》의 원칙으로 다시 한번 마음을 단단히 잡았다.

내겐 계획이 필요했다. 하지만 《생각하라 그리고 부자가 되어라》에서 주장하는 것처럼 '명확한 목적'이 우선이었다. 나는 중간 목표 두 가지를 분명히 세우면서 내 목적을 명확히 할 수 있었다.

   ◇ **모든 것을 잃기 전에 살았던 집을 다시 찾는다.**
   ✦ **부를 일굴 계기가 되어 줄 사업 거리를 찾는다.**

나는 그렇게 시작해 전보다 더 부유해질 때까지 계속해 나가려 했다.

빈곤한 사람의 마음이 되지 않으려고 나는 더 저렴한 아파트로 이사해서 돈을 모으는 대신 호텔로 들어가기로 했다. 그리고 몇 달 후, 나는 이전의 내 집으로 들어가기 위해 집주인과 계약을 완료했다.

삶의 계획이 없다면, 가장 쉬운 길을 따라 남들 하는 대로 살고, 마음에 특별한 목적지도 없이 되는 대로 흘러 다니기 더 쉽다. 분명한 인생 계획이 있으면 궁극적으로 성공에 영향을 주는 수백 가지 일상적인 결정을 내리는 과정이 크게 단순해진다. 어디로 가고 싶은지 알고 있을 때, 여러분의 행동이 여러분을 목표를 향해 나아가게 하는 것인지 아니면 멀어지게 하는 것인지 구분하기 쉽다. 분명하고 확실한 목표나 그것을 성취할 계획이 없다면 일을 결정할 때마다 아무것도 없는 맨땅에서 시작해야 한다. 목적이 분명하면 전체적인 맥락이 보이고 특정한 행동을 자신의 전반적인 계획과 연관 지을 수 있다.

―《생각하라 그리고 부자가 되어라》중

내 귀환을
가능하게 한 회사

나는 당시 가치가 높은 회사를 만들어 새로운 거래를
시작하기 위한 발판으로 삼아야 했다. 이후 6개월 동안 프
로젝트 몇 개를 시도했지만, 잘 안 풀렸다. 그래도 바로 포기
하지는 않았다.

승차 공유 산업의 열기가 한창 달아오르고 있던 어느
날, 우연히 칼 아이칸이 리프트(Lyft)에 5억 달러를 투자했다
는 소식을 TV 보도를 통해 접하게 되었다. 나는 즉시 12개
가 넘는 승차 공유 앱들로 이미 포화 상태에 놓인 서비스들
사이에서 눈에 띌 독창적인 콘셉트를 개발하기 시작했다.

카약(Kayak)이 여행 사이트의 메타 검색 엔진이 되었듯, 내 회사도 여러 승차 공유 앱을 검색해 가장 저렴한 승차 공유를 찾으려 했다.

나는 충족될 수 있는 기본적 욕구를 찾았다. 그것은 바로 자금을 모으는 데 필요한 지렛대였다.

나는 회사의 이름을 '에이요(YayYo)'로 지었다. 바로 기억할 수 있고 잊어버리기도 힘든 이름이었다. 나는 존을 필두로 여러 사람에게 내 생각을 피력해 창업 자금을 몇백만 달러 조달했다.

이 시기에 증권 거래 위원회에서 '레그 A(Reg A)'라는 새로운 규정을 시행했다. 그것은 텔레비전 광고를 통한 자금 모금처럼 기업을 공개하면서 좀 더 여러 가지 방식으로 자금을 조달할 수 있게 한 규정이었다. 그래서 나는 관심을 모을 자금 조달 광고를 제작했다. 증권 거래 위원회가 레그 A의 규정을 변경하기 전까지 나는 추가로 5백만 달러를 더 모을 수 있었다.

정말로 생각하면 부자가 될 수 있는가

새로운 장애물과
새로운 전투

불행히도 우버와 리프트는 그들의 API(Application Programming Interface, 운영체제와 응용프로그램 사이의 통신에 사용되는 언어나 메시지 형식-역주)를 공유하지 않겠다고 했다. API는 새로운 앱을 개발하는 데 필수적이었다. 개발비가 빨리 소진되고 있었고, 이런 상황을 악용해 회사로부터 최대한 많은 돈을 빼먹기로 마음먹은 직원들도 몇몇 생겼다. 한동안, 에이요는 거의 망할 듯했다.

하지만 《생각하라 그리고 부자가 되어라》의 가르침처럼 목표를 그냥 버리기보다 내가 이 책에서 계속 주장한 것처럼 방향을 바꾸거나 돌아서 갈 방법을 파악했다. 나는 나를 믿고 있는 투자자들을 실망시키지 않겠다는 생각에 힘들어도 끝까지 버텼다. 내가 깊이 알고, 나를 다음 단계의 성공으로 데려다줄 수 있는 그 회사를 섣불리 포기하지 않으려 했다.

나는 우버와 리프트가 처한 문제가 무엇인지 생각하면서 후퇴했다. 나는 그들을 적으로 생각하지 않고 그들에게 가장 도움될 것이 무엇인지 알아냈다. 두 회사 모두 적당한 차를 소유한 운전자들을 충분히 채용하는 데 어려움이 있는 게 분명했다. 에이요는 차를 사서 직접 차를 살 여력이 없는, 우버와 리프트의 운전자들에게 빌려주는 회사가 되려 했다.

그런 생각은 훌륭하게 통했다. 시작하자마자 회사는 급속히 확장됐다.

에이요는 공개 기업이었음에도 거래소에 등록되지 않았다. 주식이 유동적이지 않고 회사가 공식적으로 상장될 때까지는 추가 자금을 조달할 수 없었기 때문에 나는 나스닥에 상장 신청을 했다. 그런데 당황스럽게도 상장 절차 담당 직원이 제네시스 인터미디어의 상장 폐지 과정에 참여했던 사람이었다. 산 넘어 산이었다. 일의 향방이 완전히 그의 손에 달린 셈이었다.

보통 기껏해야 몇 달이면 끝나는 절차였지만 나는 나스닥을 오가며 2년이 넘는 시간을 보내고서야 회사를 상장할 수 있었다. 하지만 커다란 대가를 치러야 했다. 상장 조건이 내가 CEO와 이사회에서 물러나 어떠한 일로도 회사에 직접 관여하지 않는 것이었다. 나는 결국 나를 믿어 준 보답으로 기존 투자자들에게 도움이 되기 위해 그에 동의했다. 그래도 회사 지분은 상당히 유지했다.

하지만 우여곡절이 계속되었다. 전에 내가 일상적 경영을 감독할 수 없거나 나와 같은 직업윤리를 가진 경영자들에게 맡길 수 없었을 때 그랬던 것처럼 내분이 크게 일어났다. 새로 임명된 CEO는 끊임없이 다양한 분쟁에 휘말렸다. 그러자 내가 가까스로 상장을 해낸 지 몇 달 되지도 않아 나스닥에서 회사를 상장 폐지시켰다.

회사를 그냥 망하게 내버려 둘 수는 없었다. 나는 회사 경영과 중요한 결정을 내리는 중심 역할로 돌아와 얼마 되지 않는 자원을 가지고 1년 동안 꾸준히 일했다. 그때 코로나19가 닥쳤고, 다시 한번 온 나라에서 다른 기업들을 침몰시키고 있는 경제적 충격으로부터 회사를 구하기 위한 중심축이 필요했다.

내가 냉정을 유지하며 견뎌 낼 수 있다고 투자자들을 안심시키면서 버텼기 때문에 회사는 결국 번창했고, 주가도 완전히 회복되었다. 나는 회사를 떠날 때 주식 수백만 주를 들고나왔다. 이 글을 쓰고 있는 현재, 에이요는 나스닥에 다시 상장 신청을 했고, 현재 놀라운 규모로 성장하고 있다.

여러분의 세계는 여러분이 이루겠다고 선택한 것이 된다. 여러분은 성공의 정점에 도달할 수도 있

고, 희망 없이 비참한 삶에 머물 수도 있다. 선택은 여러분의 몫이다. 긍정적인 과정을 선택하면 만족감을 주는 직업과 가족과 친구들의 사랑, 육체적, 정신적 건강, 그리고 인생의 진정한 부를 모두 선사할 멈출 수 없는 힘이 생긴다. 세상을 바꾸려면 안쪽부터 바꿔야 한다. 자기 자신부터 바꾸기 시작해야 한다는 말이다. 삶을 긍정적인 방향으로 이끄는 과정을 선택하면 삶이 더 좋게 바뀔 것이다. 게다가 여러분과 함께 하는 사람들에게도 긍정적인 영향을 줄 것이다.

―《생각하라 그리고 부자가 되어라》 중

＊＊ **생각해 볼 점** ＊＊

나의 성공은 많은 사람의 삶에
영향을 준다. 불타는 열망은
여러 가지 다른 '부'를 낳는다.

정말로 생각하면 부자가 될 수 있는가

이 성공의 그 어느 부분도 어떤 마법이나 운으로 이룬 것이 아니었다. 그것은 처음에 내가 이것을 할 수 있다는 걸 알고, 다른 사람들이 '우리는 이걸 할 수 있어'라고 믿게끔 명확한 비전을 만든 것을 통해서였다. 나는 '어쩌면'이라든 가 '만약'이라는 언어로 말하거나 생각하지 않는다. 그리고 내 주변에서 시간을 보내는 사람들도 같은 습관을 배웠다. 이 책의 첫 번째 장에서 나는 핑계를 대지 말라고 했다. 그것 은 새로운 수준의 성공에 이르기 위해 날마다 보여 줘야 할 긍정적이고 미래지향적인 철학이다.

LESSON 10

그 어느 때보다
더 크게 된 나

2016년에서 2021년 오늘까지, 특히 내가 전 재산을 날리고 정신적 문제까지 겪게 된 후에 나는 대부분의 사람이 도달하지 못할 거라고 생각했던 목표를 이뤘다.

　　하지만 나는 특별한 삶으로 향하는 길 위로 돌아와 신속하고 단호하게 다른 회사들을 설립하고 새로운 기업들과 협력 관계를 맺었다.

백만장자에서 억만장자로
사고방식 다시 설정하기

내 사모펀드 회사 X, LCC(Limited Liability Company, 유한책임회사)는 더욱 성공적인 회사를 설립하기 위한 자금을 수십억 달러 조달하면서 앞으로 나아갔다. 미래에 대해 허풍을 떨기보다는 실제로 내가 무엇을 성취할 것인지가 중요한 것이다.

지속적인
발전

나는 배송 물류 부문의 약점을 보완한 PDQ 픽업(PDQ Pickup)을 설립했다. 이 회사는 코로나19 위기 동안 폭발적으로 성장해 현재 수억 달러의 가치를 지니게 되었다.

아파트 주민과 호텔 투숙객들을 위한 편의 시설로 전기차를 배치하고 있는 EV 모빌리티(EV Mobility)는 앞으로

정말로 생각하면 부자가 될 수 있는가

2년 안에 2만 대가 넘는 차를 보유할 것으로 예상되며, 기업 가치는 곧 20억 달러가 넘을 것으로 추산된다.

미디어 프로젝트의
확대

엑스트라오디너리 라이프 엔터테인먼트(Extraordinary Life Entertainment)를 통해 나는 라스베이거스 쇼 〈27〉을 기획하고 제작했다. 그것은 로버트 존슨(Robert Johnson)이나 재니스 조플린(Janis Joplin), 지미 헨드릭스(Jimmy Hendrix), 짐 모리슨(Jim Morison), 커트 코베인(Kurt Cobain), 에이미 와인하우스(Amy Winehouse)와 같은 위대한 음악가들을 소개하는 프로그램이다. 거센 반대를 무릅쓰고 나는 새롭게 생긴 버진 호텔(Virgin Hotel)에 전용 공간을 얻었다. 거기서 〈27〉은 곧 라스베이거스에서 가장 인기 있는 프로그램이 되었다. 나는 엑스트라오디너리 라이프 엔터테인먼트를 통해 프로그램을 몇 개 더 제작하고, 새로운 아티스트를 발굴하기 위해 음반 회사를 설립할 계획을 세웠다.

모든 것은 태도의 문제다. 성장하고 발전함에 따라 여러분의 경험이 여러분을 냉소적으로 만드는 게 아니라 지혜를 주는 쪽으로 향하도록 하라. 이전의 경험 때문에 열린 마음을 유지하는 것이 어렵다면, 그때와는 다른 사람들을 상대하고 있다거나, 상황이 바뀌었다거나, 나이가 들면서 더 지혜로워졌기 때문에 성공 가능성이 전보다 더 커졌다는 사실을 스스로에게 일깨우라.

―《생각하라 그리고 부자가 되어라》 중

** 생각해 볼 점 **
나는 배우겠다는 태도로 사람들에게
진심으로 다가간다. 그들을 새로운 비전으로
인도하려면 내가 먼저 그들의 비전이
무엇인지 알아야 한다.

정말로 생각하면 부자가 될 수 있는가

비행기는 결코
그냥 비행기가 아니다

나는 아드난 카쇼기로부터 일찍이 비행기는 사업가가 소유할 수 있는 가장 강력한 사업 수단 중 하나라는 사실을 배웠다. 현재 나의 광폭동체 제트기는 침실 하나와 샤워실, 19인용 좌석을 갖추고 있는데, 이전 것보다 훨씬 더 좋은 모델이다. 그리고 연료 탱크가 10개 더 추가되어서 세계 어느 곳이든 갈 수 있다.

게다가 새롭고 더 좋은 제트기를 구입하고 할리우드 힐스에 있는 내 예전 집으로 돌아가는 것 외에도, 나는 원래 가지고 있던 1987년형 드 토마소를 찾아내 과거의 화려한 영광을 되찾아 주었다.

2017년 아드난 카쇼기가 사망한 이후, 세계 정상들이 신뢰할 수 있는 지역 유력인사로서 문제 해결을 돕겠다고 나설 수 있는 사람은 아무도 없었다. 확실히 지금은 객관적으로 더 부유한 사람들이 있지만, 그는 거대 기업들과 국가원수들 사이의 초대형 협상을 중재하는 데 자신의 부를 활용했던 사람이었다. 그와 함께 지내는 동안 나는 그 정도의 성공에 필수적인 전략들을 배웠고, 진정 특별한 삶을 추구하면서 그의 업적만큼 창조하고 심지어 그를 능가하는 방법을 아는, 세계에서 몇 안 되는 사람들 중 한 명으로 남았다.

내 중요한 목표 중 하나는 아드난 수준의 유력 인사가 됨으로써 그의 빈자리를 채우는 것이다. 나는 내가 이보다 훨씬 더 많은 것을 이룰 것이라는 사실을 의심치 않는다.

우리가 가장 흔히 저지르는 실수 중 하나는 성공하지 못한 이유를 설명하려고 핑계를 대는 것이다. 불행히도 전 세계 대다수의 사람이, 그러니까 성공하지 못한 사람들이 핑계를 댄다. 그들은 자신의 행동이나 실천 부족을 여러 가지 말로 설명하려 한다. 성공했을 때는 다른 이들의 축하를 기꺼이 받아라. 실패하면 자신의 행동에 책임을 지고 자기가 저지른 실수에서 배운 다음, 보다 건설적인 일을 향해 나아가라. 행동이 여러모로 적절했다면, 여러분은 온갖 말로 그것을 설명할 필요를 느끼지 않을 것이다. 여러분의 행동이 모든 걸 다 말해 줄 테니.

—《생각하라 그리고 부자가 되어라》중

정말로 생각하면 부자가 될 수 있는가

핑계 대지
않기

나는 살면서 여러 번 완전히 처음부터 다시 시작해야
했다. 하지만 나는 성공을 향한 길 위에서 종종 앞길을 가로
막는 핑곗거리나 변명거리를 댄 적이 없다. 나는 교육도 못
받고 돈도 없었던 처지를 극복했다. 그리고 엄청난 비난과
정부와의 전쟁, 처방 약 복용, 그리고 심지어 죽음까지 이겨
냈다.

완전히 무일푼으로 시작했지만 나는 수억 달러까지 부
를 다시 일구고, 얼마 안 가 수십억으로 불릴 수 있었다. 나

는 실패에 대해 변명하지 않았고 역경 속에서도 성공할 수 있었다.

자기 자신을 믿고 내가 살면서 찾은 열쇠들과 함께《생각하라 그리고 부자가 되어라》에 있는 원칙들을 따른다면 그 어떤 것도 여러분이 특별한 삶에 이르는 것을 방해할 수 없다.

LESSON 11

나의 정상적인
가동 절차

나는 여러분에게 영감을 주고자 이 책을 썼다. 여기서 내 오랜 영광과 업적을 자랑하려는 것도 아니고, 어려웠던 때를 늘어놓으려는 것은 더더욱 아니다.

거듭 주장했듯이 나는 항상 앞으로 나아가는 데 집중해 왔고, 여러분도 그랬으면 좋겠다.

나는 내 사업과 개인적인 철학을 《생각하라 그리고 부자가 되어라》에서 물려받은 것과 연결시키며 삶이 우리 길에 무엇을 던져 주든, 거기에 그 원칙들을 적용할 수 있다는 것을 나 자신과 다른 사람들에게 확실히 보여 주었다. 마침내 나는 그저 '성공한' 삶만으로는 충분하지 않으며, '특별한'이라는 단어가 내 최종 목표와 더 어울리는 단어라는 사실을 깨달았다.

기대와
거래

여행을 하는 동안 나는 나 자신과 친구들, 그리고 지인들에게 특별한 경험을 주려고 애썼다. 나는 전부터 라스베이거스의 전설적인 하이롤러(커다란 금액을 자주 베팅하는 겜블러—역주) 중 한 명이었다. 게임은 내게 오락이기도 했지만 상류층의 삶을 사는, 사업상 투자자가 될 수도 있는 사람들과 인맥을 쌓는 방법이었던 것은 말할 것도 없다.

'정상' 거래가 무엇인지에 대한 기대치를 재설정하면 여러분은 수천 달러에서 수백만 달러로, 결국은 수십억 달러로 나아가게 된다. 그리고 때때로 게임을 하다 보면 중요한 전략을 배우기도 한다. 필요할 때 가진 것의 전부, 즉 100% 모두 걸 마음이 없다면 세계 무대의 주역, 그러니까 내가 처음 아드난 카쇼기를 보고 영감을 받아 본받고 싶었던 그런 인물이 되기 힘들다.

나는 사실 다른 사람이 나를 어떻게 생각할지 걱정하느라 시간을 보내지 않는다. 하지만 사람들에게 영감을 주는 데는 관심이 있다. 그러니 내 삶의 여정에서 배울 만한 것은 배워서 여러분 자신이 전진하는 데 사용하기 바란다.

정말로 생각하면 부자가 될 수 있는가

소유물들

손에 넣은 것 중 어떤 것들은 마음에 크게 남지 않는 것도 있다. 아드난 카쇼기가 가진 것들을 나라 없는 나라의 원수가 되는 데 사용했던 것처럼, 내가 가진 것들도 커다란 거래를 성사시키는 데 활용할 수 있고, 국제적인 명성을 쌓는 데 도움을 줄 수 있는 수단이다.

비록 내게 기쁨을 주는 재산이라 하더라도 나는 거기에 좌지우지되지 않는다. 나는 내가 편하게 사는 데 필요한 최소한의 것들을 정해 두었다. 그리고 아드난을 쫓기 위해 가진 것들을 팔았을 때 분명히 보여 주었듯이, 무엇이든 필요하면 다시 구할 수(혹은 구하지 않을 수) 있다.

한마디로 나는 소유한 물질에 대해 지나치게 감상적이되는 걸 피해야 한다고 배웠다. 제트기처럼 특별한 삶으로 향하는 내 여정의 시금석들을 다시 손에 넣은 것을 자랑으로 삼긴 했지만.

내 마음이
움직이는 방식

정신력을 조금이라도 잃는다면 인생의 바닥까지 가는 것이다. 이제 내 정신이 내가 생각하는 정상 상태로 기능할 때 어떤 느낌인지 설명해 보겠다.

그냥 서류 캐비닛 하나가 아니라 셀 수 없이 많은 서랍이 들어찬 무한히 넓은 방을 상상해 보라. 주변에서 무슨 일이 벌어지든 나는 모든 파일에 언제든지 접근할 수 있다. 그리고 집중력이 부족한 상태도 아니다. 대신 나는 파일마다 필요한 만큼 온전히 집중해 어떤 주제나 문제를 정확하게 구분할 수 있다.

다른 사람들과 매우 많이 교류하는 나의 하루 일정도 똑같은 상태다. 어떤 환경에서든 나는 한 사람 한 사람에게 짧든 길든 완전히 집중적으로 주의를 기울인 다음 다른 전화나 문자 메시지, 이메일, 회의로 넘어간다.

개인 생활도 항상 같은 식으로 움직인다. 친구나 연인과 함께 있으면 나는 온전히 그 사람에게만 집중한다(이것이 내가 전처들과 관계가 좋은 비결이다. 나는 항상 우리가 함께하는 시간 동안 정신이 완전히 '켜진 상태'였다).

정말로 생각하면 부자가 될 수 있는가

나는 대체로 5시 이전에 기상하고 12시쯤 잠자리에 든다. 그러다 새로운 아이디어나 통찰이 생기면 새벽 4시까지 잠을 못 자기도 한다. 나는 잠에서 깨면 커피를 한 잔 마신다. 하지만 커피 이외에 나는 어떤 화학적 도움도 받지 않는다. 술도 예외는 아니다.

기회를 찾아낼 수 있도록 정신을 단련하면 매일 말 그대로 여러분이 이용할 수 있는 것보다 더 많은 기회가 찾아온다는 것을 알게 될 것이다. 주변에 있는 모든 것이 기회가 될 것이다. 여러분이 굳이 찾아 나서지 않아도 기회가 여러분을 찾아올 것이다. 그중 가장 좋은 기회를 선택하는 것이 가장 어려운 문제가 될 것이다. 우연히 기회가 찾아왔을 때 그것을 알아볼 수 있도록 확실히 준비하는 데 있어 첫 번째 단계는 자신의 핵심 경쟁력을 분명히 파악하는 것이다. 아주 모르는 사람의 면면을 살펴보는 것처럼 자신의 강점과 약점을 현실적으로 평가하라. 가장 잘하는 분야가 무엇이며 개선해야 할 부분은 무엇인지 찾아내라. 약점을 보완하는 데 공을 들이고 강점을 기반으로 삼

아 기회가 왔을 때 그것들을 최대한 활용할 준비
를 갖추어라.

—《생각하라 그리고 부자가 되어라》중

＊＊ 생각해 볼 점 ＊＊
나는 끊임없이 내 자산을 목록으로 만들어 본다.
내가 지금 잘 활용할 수 있는 것이 무엇인가?
거듭해서 말하는데, 내게 기본적으로
가장 중요한 자산은 정신력이다.

　나는 항상 "아니오"라는 말을 듣는다. 이 책에서 앞서
언급했듯이 나는 "아니오" 뒤에 "예"가 있는 것처럼 앞으로
나아간다. 대대적으로 개조한 내 새 제트기가 준비가 덜 되
어서 2주 동안 비행을 할 수 없다는 걸 알았을 때, 나는 컨설
턴트들과 비행기에 앉아서 몇 가지 질문을 한 다음 조용히
귀를 기울이며 침묵으로 분위기를 누그러뜨렸다. 그리고
더 질문을 하고 기다렸다. 결코 목청을 높이거나 눈에 띄게
화를 내지 않았다.

　　　　　　　　　정말로 생각하면 부자가 될 수 있는가

나와 지인들이 내가 제작하고 홍보한 뮤지컬 쇼를 보기 위해 라스베이거스로 날아가려면 그 비행기는 이틀 안에 비행 준비를 마쳐야 했다. 결국, 나는 개조가 제시간에 완료될 거라고 확신했다. "아니오"는 "예"가 되었다.

나는 신속하고 단호하게 어떤 사람이나 문제에서 다른 쪽으로 옮겨 가긴 하지만, 조급해하거나 긴장하지 않는다. 나는 부드럽고 아주 조심스러운 리듬으로 움직이는 것을 의미하는 '우아함'이라는 특성을 높이 평가한다. 단지 내 리듬은 일반인들보다 빠른 것 같을 뿐이다.

체스 선수들이 상대의 가능한 수를 미리 생각해 봐야 하는 것처럼, 나는 다른 사람들보다 몇 발 앞서 생각하는 내 능력을 높이 평가한다. 내 사고 방식과 행동 방식은 완전히 타고난 것이다. 어항의 물을 가르며 헤엄치는 금붕어처럼 나는 숨을 못 쉴 정도로 물이 다 빠질 때까지 물이 있다는 걸 거의 못 느꼈다.

살다 보면 여러분이 통제할 수 없는 일들이 많다. 하지만 여러분은 언제든 그것들을 대하는 자신의 태도는 통제할 수 있다. 실패는 여러분이 그러라고 내버려 두지 않으면 영원히 지속되지 않는다.

긍정적인 마음으로 보면 실패는 사실 가면일 뿐, 정말로 배움의 기회, 즉 여러분이 다음번 시도는 성공할 수 있도록 도와주는 소중한 교훈이라는 사실을 깨닫게 될 것이다. 스스로 이렇게 물어보라. 문제와 실수를 최소화하려면 앞으로 내가 무엇을 할 수 있는가? 이번 경험에서 배운 것 중 다음번에 잘 활용할 수 있는 것은 무엇인가? 장애물에 부딪히고 후퇴할 때 긍정적인 태도를 유지하면 얼마나 빨리 패배를 승리로 돌릴 수 있는지 알게 되면 놀라게 될 것이다.

—《생각하라 그리고 부자가 되어라》중

＊＊ 생각해 볼 점 ＊＊

카지노에서 주사위의 움직임은
어찌할 수 없다. 하지만 승리와 패배를
대하는 방식은 내 마음대로 할 수 있다.
특히 후자를 사용해 내가 미래에 할 행동에
정보를 제공함으로써.

정말로 생각하면 부자가 될 수 있는가

종반전이란
무엇인가?

어느 시점이 되면 최상위 부자들은 다음 비전에 대한 질문을 마주한다. 나는 여전히 더 넓은 무대, 그러니까 단지 규모 면에서 국제적인 무대뿐 아니라 훨씬 더 창조적인 가능성을 제공하는 무대로 나를 향하게 하는 삶을 살기 위해 애쓰고 있다. 나는 계속해서 회사를 설립하고, 서비스와 제품을 만들어 내고, 무엇보다 계속해서 세상을 바꿀 수 있는 강력한 아이디어를 낼 것이다.

이전 장에서 나는 자선 모임에 참석했지만 그것이 그저 폼만 재거나 우쭐대는 것으로 보여서 결국 얼마 안 가 그만두었다고 했다. 하지만 내가 전부터 관여했던 한 가지 문제는 '노숙자 문제 해결'이었다. 특히 내가 직접 겪었던 걸 생각해서 말이다. 나는 내가 이런 사회 문제에 결과적으로 얼마나 영향을 미칠 수 있을지에 대해 생각하고 있다. 그래서 무슨 일이 벌어지고 있는지 주시하고 있다.

《생각하라 그리고 부자가 되어라》의 원칙들은 단순히 부를 일구는 것뿐 아니라, 숭고한 사랑을 얻는 것처럼 스스로 정한 어떤 목표도 이룰 수 있도록 삶의 모든 면에 적용될 수 있음을 여러분에게 상기시키는 것으로 이 장을 마무리하려 한다.

이 책을 출간하기 18개월 전, 나는 꿈에 그리던 여인, 코트니 코르소(Courtney Corso)를 만났다. 그녀는 4개월 동안 내 데이트 신청을 거절했지만, 나는 중요하고 가치 있는 목표에 들이는 집중력과 불타는 열망으로 그녀의 마음을 얻으려고 애썼다. 그리고 1년 반 후, 그녀는 내 청혼을 받아주었고 우리는 결혼했다.

여러분은 이 질문에 어떻게 대답할 것인가?

이 책을 읽고 나면 여러분은 내가 수십 년간 바로 이 질문, "생각하면 정말로 부자가 될 수 있는가?"에 "그렇다!"라고 우렁차게 대답해 왔다는 사실을 알게 될 것이다.

여러분은 이제 스스로 이 질문에 대답해야 한다. 다른 사람의 성공담이 내게 영감을 주었듯, 여러분도 이 책에서 여러분에게 영감을 주는 무언가를 얻어 가길 바란다.

내가 겪은 패배는 모두 '두려움이라는 유령들'이 나를 지배할 힘이 없다는 것을 보여 주는 기회였고, 너무나 많은 사람이 그러듯 '만약에'와 같은 핑계를 대지 않고 앞으로 나아갈 수 있다는 사실을 보여 주었다. 그리고 언젠가 반드시 다른 사람들이 여러분을 의심할 때가 올 텐데, 그때 여러분이 다시 힘을 얻는 데 내 경험이 분명 도움이 될 것이다. 여러분이 엄청난 금전적 보상과 그에 수반되는 라이프스타일을 성취하고자 한다면 의심을 버려야 할 것이다.

우리는 모두 자신만의 특별한 길을 개척할 수 있다. 나는 내 길이 '특별한 삶'을 목표로 하고 있다는 것을 깨달았다. 그것은 내가 처음 탐파에 도착했을 때 거리에서 보내던 삶에서 '부유한' 삶으로 격상하기 위한 열망을 불태우기 시작할 때부터였다. 나는 여전히 《생각하라 그리고 부자가 되어라》가 나 자신을 만들어 나가는 데 사용했던 발판이라고 믿는다. 하지만 이 책과 나폴레온 힐의 다른 책의 정신에 입각해 내가 깨달은 성공으로 가는 많은 문을 열어 줄 열쇠들이 이 책에 있다. 여러분이 이 열쇠들을 더 나은 것으로 만들 수 있다면 훨씬 더 좋을 것이다.

특별한 삶을 여는 28가지 열쇠

🔑 자신을 더 큰 성공으로 이끌어 가려면 원하는 것을 강렬한 감정에 엮어라.

🔑 결단력과 불타는 열망은 그 무엇도 막을 수 없다.

🔑 의심을 버려라. 하지만 여러분을 도와주고 믿어 준 사람들은 버리지 말아라.

🔑 더 원대한 미래를 꿈꾸게 하는 문구를 발견하면 늘 그것에 대해 생각하라.

🔑 잃는 것에 대한 두려움보다 더 많이 얻을 수 있다는 희망을 가져라.

🔑 니즈를 찾아 그것을 충족시켜라.

🔑 특별한 삶을 이루려면 여러분을 믿어 주는 사람들과 함께 가야 한다. 그들을 짓밟거나 위에 있으려 하지 말고.

🔑 더 크게, 더 빨리 이루려면 다른 사람들의 돈을 활용하라.

🔑 다른 사람들의 돈을 사용하는 경우 책임을 져야 한다. 그리고 자신보다 그들을 우선시해야만 한다.

🔑 항상 자기 자신과 자신이 성취할 수 있는 것에 믿음을 가져라.

🔑 잘못된 방향으로 가고 있다면 언제든지 방향을 바꿀 준비가 되어 있어야 한다.

정말로 생각하면 부자가 될 수 있는가

말할 때는 항상 자신감을 내보여라. 사람들은 자신 있게 말하고 행동하는 사람에게 끌린다.

성공하려면 위험을 감수해야 할 때, 그래야만 한다.

좋은 거래란 모두가 이기는 것이다.

결정을 잘못할 때보다 망설일 때 잃는 게 더 많다.

신뢰는 상대방에게 최대한 이득이 되도록 일하는 데서 생긴다.

다른 사람들과 함께 일하라, 그들을 위해 일하지 말고.

자신의 진정한 자산 목록을 항상 점검하라. 그것이 그저 불타는 열망 하나뿐일지라도.

우리 모두에겐 적어도 멋진 아이디어 하나씩은 있다. 하지만 거기에 단호한 실천이 따르지 않는다면 아무 소용 없다.

🔑 "아니오" 뒤에 숨은 "예"를 찾아라.

🔑 여러분과 다른 사람이 만들어 나갈 수 있는 것에 집중하라.

🔑 대화는 항상 서로의 비전에 대해 알게 되고 거기에 맞춰 서로 조정할 수 있는 기회다.

🔑 직면한 문제에 대해 스스로를 교육하라.

🔑 역경은 결코 영원하지 않다.

🔑 만약 자기 마음을 통제할 수 있다면 결코 다른 사람의 마음에 좌지우지되지 않을 것이다.

🔑 싸우는 걸 그만두지 않기로 한 사람만 항상 승리할 수 있다.

🔑━━ 실패는 모두 일시적이다.

🔑━━ 확고한 목적이 돈을 쓰는 방식을 결정한다. 돈 하나 때문에 여러분의 목적이 변해서는 안 된다.

나는 수년 전에 제이어 백화점 체인에 입점한 점포에서 진짜 열쇠를 만드는 걸 배웠다. 그때 이후 나는 앞으로 계속 나아갔다. 내가 가는 길에 있는 모든 문을 열 수 있고, 모든 장애물이나 문제는 기회로 바뀔 것이며, "아니오"는 모두 "예"로 변할 거라고 확신하면서.

나폴레온 힐의 원칙들을 활용해 여러분의 잠재력에 걸린 빗장을 풀라. 긍정적이든 부정적이든 강렬한 감정으로 불붙은 불타는 열망으로 시작하라.

여러분이 다음에 어디에 가 있을지는 전적으로 여러분에게 달렸다.

저자의 말

내 여정은 《생각하라 그리고 부자가 되어라》의 원칙이 정말로 효과가 있다는 증거다. 나는 특별하거나 비범한 능력을 타고나지 않았다. 내가 생각하는 방식은 집중적인 노력을 통해 시간이 지나며 완성되었다. 잃을 거라는 두려움보다 얻을 거라는 희망을 더 크게 품으면서 결정한 바를 구체적인 행동과 연결시킨다면 여러분도 똑같이 할 수 있다.

나는 앞으로의 몇 년을 내 인생에서 가장 생산적인 시기로 만들 계획이다.

옮긴이
김영정

서강대학교 영어영문학과를 졸업하였으며, 다년간 로컬리제이션 회사에서 번역을 하였다. 현재 번역에이전시 엔터스코리아에서 전문 번역가로 활동하고 있다. 주요 역서로는《일터에서의 마음챙김: 출근 불안증, 무력감, 좌절감을 씻는 사무실 명상법》,《게임이론 경영 전략: 가장 쉽게 배우는 게임이론: 전략적 상황에서 행동하는 법》,《단숨에 읽는 여성 아티스트: 16세기부터 오늘날까지 가장 뛰어난 여성 예술가 57인의 삶과 작품》,《구독경제 마케팅: 자동 고객을 만드는 서브스크립션 전략》,《로고 디자인 대백과: 최고의 로고에서 배우는 브랜드 아이덴티티 디자인》,《블랙 팬서 얼티밋 가이드》,《에어비앤비, 브랜드 경험을 디자인하다 : 살아보는 여행의 시작》,《조 바이든: 약속해 주세요, 아버지》,《세계 기억력 챔피언의 초스피드 암기술》,《부활하는 리테일: 코로나19 대유행 이후 비즈니스의 미래(출간 예정)》외 다수가 있다.

생각하면 정말로 부자가 될 수 있는가?

특별한 삶을 여는 28가지 열쇠

초판	1쇄 발행 2023년 7월 15 일
지은이	라미 엘 바트라위
옮긴이	김영정
펴낸이	신호정
편집	이미정
교열	전유림
마케팅	백혜연
디자인	김태양

펴낸곳	책장속북스
신고번호	제 2020-000111호
주소	서울시 송파구 양재대로 71길 16-28 원당빌딩 4층
대표번호	02)2088-2887
팩스	02)6008-9050
인스타그램	@chaegjang_books
이메일	chaeg_jang@naver.com

ISBN   979-11-91836-22-6 03320